瀕死の業界に
未来はあるのか？

パチンコ利権

作家／コンサルタント／元経済産業省官僚
宇佐美典也

ワニブックス

はじめに

本書は私にとって5冊目の本である。これまで出した4冊の本のうち、3冊は増刷がかかり、残りの1冊は残念ながら増刷とはならなかったものの、6年経ってもまだコンスタントに売れ続けるロングセラーになっている。

大ヒットとまでは行かないまでも、それなりの成果を継続的に出せているわけで、こうなると多少の自信も湧いてきて、我ながらおこがましくも感じるところだが、そろそろ職業として「作家」と名乗ってもいいような気がし始めている。私の場合はもっぱら現実の社会事象をテーマにしているので「ノンフィクション作家」であろうか。

どんな職業でもいわゆる「いい仕事」をする人は、結果を出すのはもちろんとして、その背景にそれなりの仕事哲学を持っているものである。私も職業として「作家」を名乗る以上、作品として責任を持って「いい本」を書くことはもちろん、やはり「いい本とは何か？」という哲学を持たなければならないように感じている。本書の始まりとなるここでは「この本が、どのような意味において、如何に『いい本』であるか」ということについて力説してみたいと思う。

そんなわけで恐縮ながら、私が「ノンフィクション作家」として考える「いい本」の条件を3つほど語らせていただくと、

・問題設定が明確であること

・その上で提示した問題の背景にある構造を事実、経験に基づいて分析し、深く掘り下げていること

・さらに問題の解決に向けてのなんらかの方向性ないしはヒントを提示していること

である。例えば、最近本書の出版元であるワニブックスさんは女性向けに『30日でスキニーデニムの似合う私になる』という本を出しており、これがまた大変に売れているようである。この本は問題設定が明確で、なおかつフィットネストレーナーでもある作者が、経験と理論に基づいて「美脚づくり」に関する問題を構造的に掘り下げ、最後に問題解決へのアプローチとしていくつかのトレーニング法を紹介している。私が書くような分野とは明らかに異なるのだが、この本はまさしく「いい本」と呼ぶにふさわしいだろう。社会をテーマにしてこれほど論旨明快な本を書くことはなかなか難しいのだが、それでも私なりにできる範囲で見習いたいものである。なお念のために言っておくが、もちろん私自身には「美脚を作ろう」などというニーズはない。

　では具体的に私はこの本を書くにあたって、どのような問題を設定したのか、というと、本書はひとことで言えば「**パチンコ業界はこれからどうあるべきか？**」ということをテーマに書いた本である。だからこの本は決して「在日韓国資本が日本人を脱法ギャンブルで堕落させて資金を収奪し、不当に懐を潤し、その一部の資金を脱法的に本国に送金し、それを取り締まるはずの警察すら天下りや検定システムで業界から甘い汁を吸っている」というような、テンプレートなヘイトスピーチでパチンコ業界をいたずらに糾弾するような後ろ向きな本ではない。

　もちろん本書の中では、こうしたパチンコ業界の利権的体質を事例に基づいて盛りだくさんに記載しているわけだが、その目的はあくまで「**なぜこのようなおかしなことが起きてしまうのか？**」ということを事実に基づいて構造的に分析するためである。例えば、誰しもがおかしいと感じている「三店方式」と呼ばれるパチンコの換金方式が生まれた理由や、パチンコ業界から北朝鮮にどれくらいどのような仕組みでお金が流れていたのかとか、警察がそれに対してどのように対策をしたのかとか、その一方で警察とパチンコ業界がなぜ一体化してしまったのかとか、そういったことを歴史的な経緯、制度の詳細、国会などにおける議論、パチンコ業界の経営環境の変化などから分析している。

その上でパチンコ業界が、パチンコホールに客を呼び戻すために将来に向けて取り組むべき課題としては「**ギャンブル依存症への対策**」や「**ユーザーのコミュニティの再構築**」などを提案している。民間ギャンブルであるカジノが厳しい規制のもとで合法化する中、これまでのようにパチンコが脱法ギャンブルでい続けることは難しくなっており、パチンコ業界も「ギャンブル事業者」としての責任を果たすことが求められるようになっている。他方、「ユーザー離れで減少した売上を、違法行為を駆使してでもギャンブル性の高い機種を並べて一人当たりの消費を増やすことで補おう」というようなパチンコ業界の経営方針は「ギャンブル依存症問題」として顕在化してきており、社会から厳しく批判されるようになってきている。そう考えると「ギャンブル依存症への対策」と「ユーザーのコミュニティの再構築」は業界として取り組むことが不可欠という認識に異を唱える人は少ないだろう。

問題は「どのように対策を実行するか」ということである。先日もパチンコホールの大手5社がギャンブル依存症対策に向けて共同声明を出したのだが、これが非常に不評だった。内容はひとことで言えば、「パチンコ業界として取り組んでいる従来のギャンブル依存症対策を続ける」、ないしは「強化する」というものだったのだが、そもそもこれまでの依存症対策が、業界の関係者が警察の担当者の顔色を見ながら、業界の都合で作ったものであるため現場のニーズからはかけ離れている。そのためこの声明は、かえって現場でギャンブル依存症に対する支援活動に取り組む方々の反発を招くことになってしまったようだ。

最近のパチンコ業界は一事が万事この調子で、このような「**業界の問題は、業界の内部と警察だけで隠れた場で話して処理し、外部の声は取り入れない**」という閉鎖的、利権的な体質は、かえって問題を悪化させているように外からは見える。業界の内部がそれに気づかず「我々は依存症対策を進めます」などと宣言しているのはまことに滑稽と言わざるを得ない。3000万人から25年間で900〜1000万人弱までに減少したという遊技人口の回復に関しても、「外から業界がどう見られているのか」という視点がなければ、有効な手立てを打つことは難しいだろう。

そんなわけで本書では、問題解決の方向性を語る際には、業界と関わりがある外部者の視点も取り入れることとした。ギャンブル依存症対策については実際に現場で依存症罹患《りかん》者やその過程の支援に取り組んでいる**田中紀子さん**、ユーザーとのコミュニケーションのあり方については、自身のパチンコ経験はほとんどないものの、全国のホールをイベントで飛び回っているAV女優の**紗倉まな**さんから意見をいただいた。

実のところこのような「業界外からの視点でパチンコ業界を見る」というスタンスは本書

全体を通して言えることで、本書は私も含めて「**パチンコ業界と接点がある業界外の人間が、パチンコ業界の将来について真剣に論じ考えた**」というところに本質的価値があるように思える。パチンコ業界の方々からすれば「うるさい、外部者が口を出すな。これからも俺たちは俺たちの業界の中だけで業界の将来を議論するんだ」という心持ちなのかもしれないが、ここまで行き詰まっているのだから、一度くらい外部者の意見というものも聞いてみてはいいのではないかとこちらとしては思う次第である。私だってもう19歳から20年近くパチンコを打っているのだ、ひとことくらい話を聞いてくれたっていいではないか。

ということで、本書は「**パチンコ業界が将来どうあるべきか**」ということについて、業界と接点のある関係者からの視点を中心に、いちユーザーとして、また、作家としての私が取りまとめた本である。そのため従来のパチンコに関する本に比べればずっと議論の幅が広くなっているが、それこそが本書の醍醐味である。おかげでこの分野の本としては今までにない「いい本」になったかと思う。

少なくとも、ここまで原稿を読んでくださった方は「面白い」と言ってくださっているので、たぶん面白いと思う。私自身もそう思っている。

CONTENTS

第2章

パチンコと在日と北朝鮮

第3章

パチンコ業界の病理
～カジノ法案とギャンブル依存症……87

第4章

数字から見るパチンコ業界の凋落

～大逆風に見舞われた21世紀……157

第5章

パチンコ業界はこれからどうすべきか

～〝グレー産業〟からの脱却を！……211

序章

私とパチスロの出会い

～AT機、ST機にハマった青春

◉工藤とパチンコと私

大学生時代、2002年から2005年にかけて、私はよくパチンコホールに通った。当時のパチンコホールには、折からのパチスロの「AT(アシストタイム)機」と「ST(ストックタイム)機」の空前のブームが吹き荒れており、どのホールのパチスロコーナーも活況で、席に座るのも困難なほどだった。いつから自分がパチンコホールに通うようになったのか、明確な記憶はないのだが、いずれにしろきっかけは工藤だったことは間違いない。

工藤は私の小学校の同級生で、今でもよく遊ぶ友人である。と言っても小学校からずっと絶え間なく今まで付き合いがあったかというとそういうわけでもなく、小学校の頃は比較的親しかったものの、中学・高校時代は音信不通だった。正確に言えば一度だけ〝遭遇〟したことがあったのだが、この時はちょっとした災難だった。

当時、私はよく自転車に乗っていて、その時は地元のサイクリング店で空気の抜けた自転車のタイヤに機械を使って空気を入れ直していたのだが、後ろでプスッと音がして空気が漏れ始めた。何が起きたのかと振り向いたら、工藤が私の自転車のタイヤに針を刺しながらニヤニヤと「よう、久しぶり」と言ってきた。工藤は身体も大きく肉体も強靭《きょうじん》だったし、また彼が通っていた地元の公立中学校では一部の生徒が愚連隊のようなものを組んで暴れていたこともあり、私は「絡まれた、ヤバイ！」と冷や汗をかいたのだが、工藤はそのままニヤニヤしながら立ち去っていった。私にとっては災難だったが、彼にとってはちょっとしたイタズラだったのだろう。ただタイヤのパンクは当然修理することになったわけで、中学生の財布には大変痛かったのだが、まぁ中高時代の関係はそれだけである。

それからしばらく経って、私が大学受験を終えた2000年に、小学校の同窓会をやろうということになり、工藤と久しぶりに再会した。相変わらずのイカツイ身体に赤いジャージで現れたので、いかにもな東大生だった私は「これは、ヤバい奴が来た……」と恐れていたのだが、話してみると案外気が合い、また単純に趣味も合ったので、それからちょくちょく一緒に遊ぶようになった。

当時はよく一緒にゲームセンターに行ったもので、今はもう面影すら残っていない代々木駅前のゲーセン『ジェラシックパーク』で、流行りの『機動戦士ガンダム連邦VS.ジオンDX』というアーケードゲームを占拠してよく遊んでいた。私はガンタンクを使い、工藤がガンダムを使うのが常だったのだが、そこでしばしば私は工藤にゲーム代を奢ってもらっていた。「なんで工藤はこんなに金回りがいいのだろう？」と疑問に思っていたのだが、「どうやら工藤はパチスロで儲けているらしい」ということがだんだんわかってきた。そしてしばらくすると、パチスロで儲けているのは工藤だけというわけではなく、他にも数人の同級生がパチスロで稼いでいるということもわかってきた。

ここで初めてパチスロというものに本格的な興味が湧いたわけだが、とは言え、当時の私はパチスロどころかパチンコも片手で数えるほどしか……しかも付き合いでしか経験したことがなく、実際にパチスロに挑むには腰が引けていた。

そんな時、私がもうひとつ通いつめていた代々木駅東口を出てすぐのゲームセンター(こちらの名前は忘れた)に、**『獣王』**と呼ばれるパチスロ機種の型落ち品がメダルゲーム用に設置されることになった。私もいつまでも工藤に奢ってもらってばかりいるわけにはいかないので、いざパチンコホールに勝負に行く前の準備として、このゲームセンターに設置された『獣王』でパチスロの練習をすることにした。

◉AT、ST機が産んだ熱狂のパチスロバブル

この『獣王』(サミー)は〝サバンナチャンス〟という「AT(アシストタイム)」を搭載した遊

技機で、AT機の火付け役とも言える台だったのだが、しばらく遊んでいるうちに、このAT機というものが秘める驚異的なギャンブル性を理解することができるようになった。

AT機の特徴は、その名の通り「アシストが連続して発生するチャンスタイム」というところにあった。初搭載は2000年にリリースされた『ゲゲゲの鬼太郎SP』（サミー）だが、『獣王』や『アラジンA』『サラリーマン金太郎』（いずれもサミー）などに代表されるように、短時間の大量メダル獲得が可能になり、AT全盛時代を迎えたのである（『サラリーマン金太郎』の謳い文句は「時速5000枚」であった）。

その後、ATが規制されると、**『北斗の拳』**（サミー）に代表される「ST（ストック）」機の時代が到来する。このストック機の詳細な説明は難しくなるのだが、簡単に説明すれば以下のようになる。パチスロはメダルを投入してレバーを引いてリールを回すごとに抽選が行われ、その結果如何によって返ってくるメダルの枚数が決まるゲームだ。いわゆる「通常時」はハズレが中心で、ベルやスイカなどの「小役」が当たって数枚程度のメダルが返ってくることはあっても基本的にはメダルが減っていくわけだが、どこかで「大当たり」に当選すれば機械の内部に溜め込まれたメダルが一気に放出されて増加していく。このようにパチスロは通常時にメダルを減らして大当たり時に回収する……というメダルの増減の波があるのだが、ストック機ではパチスロの機械の内部で大当たりが成立しても、必ずしも即時に放出されるのではなく、「大当たり」が内部に溜め込まれていくという性質があった。そしてその溜め込まれた大当たりは、ある条件を満たした時に一斉に放出される——という仕組みであった。すなわち、ストック機では条件さえ満たせば複数回分の大当たりに一気に当選することができることになり、驚異的なギャンブル性が実現した。

初代『北斗の拳』以外に、初代**『吉宗』**(大都技研)を例に挙げると、「ああ、あの台のことか」と思い浮かぶ方もいるかもしれない。ただ、上記の説明だけではわかりにくいので数値を当てはめてみよう。

例えば、『吉宗』は一度のスリーセブン(ビッグボーナス)でなんと711枚が出る仕組みだった。パチスロのメダルは等価交換であれば1枚20円なので、これだけでも14220円相当と結構な金銭価値になる。ストック機以前のパチスロ機種では、大当たりした時に特定の枚数が出るだけだったのだが、ストック機——『吉宗』の場合はこの大当たりを内部に溜め込んで放出する、いわゆる〝1ゲーム連〟で最大で5回の大当たり——つまり約3500枚ものコインをあっという間に獲得できる仕組みだった。等価交換であれば約7万円である!

そのほかに1回あたりの獲得枚数は異なれど、『南国育ち』(オリンピア)では、時に10回以上もボーナスを放出することが可能だったし、『押忍！番長』(大都技研)はSTの性能を存分に活かしたゲーム性でホールの主役に躍り出た。

またストック機は事前に各台の仕組みを理解して、対策を施した上で挑めば、(一時的には負けたとしても)最終的にはほぼ確実に勝てる機種すら存在した。

ATからSTへ……規制がかかると、それをくぐり抜けて新しい爆裂機が登場する。まるでイタチゴッコだが、パチンコでも同じようなことが繰り返されてきたのだ。

◉社交場としてのパチンコホールの役割

さて、話をAT全盛の4号機時代に戻そう。当時一日を1000～3000円弱で暮らしていた私は、各機種の仕組みを理解した時に「これはすごいな」と驚き、ある程度練習したのちに2002年後半頃からパチンコホールに足を運ぶようになった。

さすがにホールに出た当初は、「三店方式」に代表される慣れないシステムに戸惑ったものの、事前の勉強に加え工藤や他の同級生の指導やビギナーズラックも多少あり、1～2

か月もすればぼちぼちパチスロで稼げるようになってきた。

私は赤坂のホールによく通っていたのだが、当時の赤坂はパチンコホールのメッカで、駅前には『エスパス』、一ツ木通りをちょっと進むと『オリエンタルパサージュ』、少し曲がると『サントロペ』といった具合に大きなホールが5軒、中小ホールが2~3軒もあった。

当時、地元の〝ちょっと悪い〟、それこそ私が中学時代恐れていたような同級生はこぞって赤坂に集まっており、初めは工藤の陰に隠れて「お、おう、ひ、久しぶり……」などといった様子で恐る恐る挨拶をしていたのだが、少し話してみると皆、二十歳を超えて丸くなっており、そのうち一緒に酒を酌み交わして、昔話に花を咲かせるような関係になっていった。

サントロペの上にあったジョナサンではその日大勝ちした人に、飯をたかったものだった。当時のパチンコホールはいわゆる〝ちょいワル〟たちの社交場で、バラバラになった小学校の同級生が再び集う場であった。パチンコそのものの楽しみもさることながら、こうしたコミュニティでの友人たちとの交流は、私にとってより重要なことだった。そう、当時のパチンコホールは〝ちょいワル文化〟のハブだったのだ。

毎月一度、工藤と私で小学校時代の同級生をゲストに招いて飲むのが当時の一番の楽しみだった。そんな思い出の赤坂も、今では残っているホールはエスパス一軒のみで、あとのホールはホテルや飲食店やオフィスビルに様変わりしてしまった。これも時代の変化なのだろうが少し寂しい。

◉多くの人の人生を狂わせた『ミリオンゴッド』

2002年半ば頃から、私はこうしてパチスロで小遣い稼ぎをするようになったわけだが、それでも当初は私にとってパチスロは裏バイトのようなもので、それほど夢中になっていたわけではなく、また私の友人たちもそうだったように思う。しかし2002年後半になると、ホールの状況を一変する機種が現れた。それがAT機『**ミリオンゴッド**』(ミズホ)だった。この機種はそれまでのAT機とは一線を画すほどの恐ろしいまでのギャンブル性を秘めていた。通常時は小役がほとんど揃わず、どんどんメダルが減っていって、あっという間に底が尽きてしまう。しかし一度の「GG(ゴッドゲーム)」を契機としてストックを大放出して平気で1万枚、多い時には5万枚以上のメダルを放出するような機種だった。メダル5万枚というと、等価交換だと金銭価値にして100万円になるわけで、この機種はまさに文字どおり「ミリオンゴッド」だった。８１９２分の1で引ける「ＰＧＧ（プレミアムゴッドゲーム）」も人気の一端だった。その期待純増枚数はなんと約５０００枚であり、「ＰＧＧさえ引ければ……」とホールは〝鉄火場〟と化した。

この機種の強烈なギャンブル性は金銭感覚を狂わせるという意味でも、また、極度の刺激を脳に与えるという意味でも麻薬的で、多くの人の人生を狂わせることになった。この機種に〝どハマり〟して借金を抱えていく者も周りに散見するようになったし、多くの自殺者を出したとも言われる。

当時は消費者金融に対する規制がゆるく、いわゆる「グレーゾーン金利」「闇金」の全盛時代であったことから、ギャンブルのための資金を高い金利で借りて雪だるま式に借金を膨らませ人生を破滅させていく者もチラホラと現れ始めた。まさに漫画『闇金ウシジマくん』の世界である。しばらくすると、さすがに警察庁もこの機種の異常性を問題視するようになり、まもなく規制を強化して、２００３年10月には『ミリオンゴッド』は一斉に撤去されることになった。

傍目《はため》に見てもその異常さが明らかだったので、さすがに私はこの『ミリオンゴッド』には手を出さなかったのだが、こうした機種に間接的ながら接したことで私の金銭感覚もまた少しずつ狂い出していたようで、2003年秋になると私がいわゆる〝どハマり〟する機種が登場した。それが伝説の機種・初代『北斗の拳』である。

◉全国を席巻した『北斗の拳』ブーム

2003年にサミーが発売したST機『北斗の拳』は、パチスロ史上最も売れた機種と言われ、そのゲーム性とギャンブル性が見事なまでに連動した機種だった。販売台数は60万台を超えると言われるが、パチスロ1台の値段は40万円～50万円なので、これは金額にすれば2400～3000億円というところであろう。実際、2004年3月期のサミーの決算は売上約2512億円に対して、粗利が約1273億円と絶好調であった(※1)。それまでもアニメや漫画のコンテンツを取り込んだパチスロやパチンコ機種はあったものの、図柄にキャラクターが登場する程度のものだった。それに対して『北斗の拳』は、液晶画面で展開されるアニメーションと、パチスロのゲーム性が完全に連動して原作の世界観を再

※1　https://www.segasammy.co.jp/japanese/ir/library/archive/sammy/

現していた。例えば主人公のケンシロウが奥義を出せば強いチャンス役を引けたり、対戦相手がジャギだったりするとそれだけで大当たりの期待が高まった。

またST機らしいギャンブル性は健在で、私はこの機種の魅力にとりつかれてしまった。今ではこうしたパチンコ・パチスロにおけるアニメコンテンツの利用は当たり前のことになっているが、その流れを決定的にしたのがこの機種だったように思える。

この機種の魅力に関する象徴的な話がある。当時、私がよく通っていたパチンコホールに明らかに重度の薬物依存症のユーザーがいた。このユーザーは薬物が切れてしまうと、いわゆる禁断症状が出て極端な無気力・無感情に陥り、まるで世界が終わってしまったかのように何事にも反応しなくなるのだが、そのような状態の彼ですらこの『北斗の拳』が大当たりした時は、「ウッヒャー！」と叫んで大興奮していた。「この機種の刺激は薬物にすら及ぶのか……」と驚かされたものだ。

また、2005年にまだ未成年だったダルビッシュ有投手が那覇市内で喫煙をしながらパチンコを打っている写真を週刊誌に撮られて騒動になったことがあった。この時にダルビッシュ投手が興じていたのがまさにこの『北斗の拳』で、私も「ダルビッシュも人間なんだな。まぁ『北斗の拳』は面白いし、パチンコ屋にいたらタバコも吸うようになるよな」と妙に納得した記憶がある。

こんな具合で、どこの店でも『北斗の拳』は大人気でなかなか設定のいい台が取れなかったので、私もそのうちパチプロよろしく、早起きして「設定大甘」「メダル大放出」などと謳うイベントを掲げる埼玉県のホールに遠征したり、パチスロ台自体を購入して機種の研究をしたり、といったこともするようになった。

今でも目を瞑《つぶ》ると、通称〝ピキドゴ〟と呼ばれた北斗の拳の大当たり時の効果音が聞こえてくる。当然、学業はおろそかになったので今振り返ると後悔するところもあるが、総合的に見れば収支はプラスであったし、また何よりもあの時期があったからこそ、地元の友達との人間関係を取り戻せたと考えると、むしろパチンコホールに感謝するところも大きい。

◉パチスロと「ギャンブル依存症」

ただそれだけ魅力的だった『北斗の拳』に関しても、そのうち飽きが来て熱狂が冷めてくるもので、そうなると一転して、ギャンブル場と化した当時のホールの異常な状況に嫌気が差してくるようになった。

先ほども述べたように、当時のホールには借金で首が回らなくなっているようないわゆる〝ギャンブル依存症〟の人もたくさん見受けられた。また、上手く立ち回っていたユーザーでもあまりにパチスロで儲かりすぎるため、仕事を辞めたり学校を退学したりして、その結果その後の人生の道が見えなくなっているような人もたくさんいた。実際、私自身もあやうく大学からドロップアウトしかけるところだった。

少し話が先走ることになるが、その後のパチンコ業界の辿《たど》ってきた道を考えると、**当時のAT全盛からのST機ブームは、結果として業界の衰退を早めることになってしまったのではないかと思う。**詳細についてはおいおい語っていくことになるが、驚異的なギャンブル性とコンテンツを取り込んだゲーム性が当時のユーザーを熱狂させたことは間違いない。しかしそれは当然、社会問題につながるさまざまな副作用を生むことになった。**その中心が、いわゆる「ギャンブル依存症問題」である。**

またコンテンツと連動したゲーム性は、業界をコンテンツの権利取得争いに向かわせ、パチンコ・パチスロそのもののゲーム性は軽視されることになり、台の単価ははねあがり、オールドファンの多くはホールから離れた。今現在、パチンコ業界で大きな問題とされているような事柄は、概ねこの時代に始まったように思う。特にAT機とST機のブームは

〝焼畑農業〟のようなもので、業界にとってもユーザーにとっても短期的にはメリットが多くとも、長期的には持続可能性がないものだったと言えるだろう。

今でこそ私は月に一回、パチンコホールに行くか行かないかといったレベルのライトユーザーだが、私の青春において、また後述する精神的・社会的に孤立して苦しかった独立直後の時期において、パチンコは良くも悪くも欠かせない生活の中心的な要素だった。少なくともその時期は、パチンコに人生を支えられた。そうした私の経験からして、今のようなパチンコ業界の苦境は寂しいものがある。パチンコがなければ、地元の友達と旧交を温めるような機会を得られるようなこともなかったであろうし、物事にはまり込んで周りが見えなくなるような自分を痛感することもなかったであろうし、また、アニメ文化に触れるような機会もずっと少なかったように思うし、また独立後の孤独にも耐えられなかったかもしれない。

この本ではさんざんパチンコ業界の問題点を指摘していくことになるわけだが、私としてはなんとかパチンコ業界の方々に、**ユーザーにとっても業界にとっても持続可能な21世紀のビジネスのあり方を見つけてほしい**と外部者ながら願っており、この本が彼らにとってなんらかのヒントを与えられるものになれば誠に幸いである。

第1章

パチンコ利権の構造

～三店方式をめぐるヤクザ、そして警察との関係

◉「三店方式」を大学レポートで研究

もう少しだけ大学時代の延長の話をしよう。

私は2001年に東京大学の文科二類という学部に入学したのだが、大学1年の1学期に「基礎演習」という授業があった。この授業は学生が論文の書き方を覚えるために、自らテーマを選んで、自ら調査をして、レポートを書くという授業だった。この時、私が選んだテーマは**パチンコの業界の換金システムである、いわゆる「三店方式」だった**。

この頃は私がパチンコホールに本格的に通い始める前の話だが、1年生の春に友人とパチンコホールの前で待ち合わせた時、ホールから出てきた彼が近くの「T.U.C」と看板に書かれたスペースに入っていった。そして透明なケースに金《きん》が入った景品を渡すと、店員が現金を渡して清算する――その様子を見ていると、なんだか彼が同級生なのにとても大人に見えたのだ。私にはそういう〝ちょいワル〟に対するちょっとした憧れがある。そうした憧れとともに、強く「日本では建前上は民間ギャンブルは禁じられているはずなのに、なんでこんなことが行われているのだろう」ととても不思議に思い調べたくなって、「基礎演習」のテーマにすることとした。ここでは、少しばかりその時に培った知識を活かして「三店方式」について説明させていただこうと思う。なお私のレポートは「優」だった。

改めて説明すると「三店方式」とは、パチンコホールと景品交換所と景品卸問屋の「三店」が関わる換金方式だ。後述するように、日本では公営ギャンブル以外のギャンブルは法律上禁じられているが、パチンコホールには、遊技の結果として賞品を提供することは許されている。ただし、パチンコホールを規制する「風俗営業等の規制及び業務の適正化等に関する法律（通称「風営法」）」の第23条では、

・現金または有価証券を商品として提供すること
・客に提供した商品を買い取ること

をホールの禁止行為としており、これに違反した場合は当然営業停止なり、刑罰なりの罰則が適用されることになる。三店方式は、この風営法に抵触しないように賞品の現金化を可能とする仕組みになっている。具体的には以下のような手順が踏まれることになる。

①客はパチンコホールで遊技をして、その結果に応じてパチンコホールから景品を受け取る。景品はさまざまあるが、客は遊技球もしくはメダルのほとんどを、換金のために用いられる「特殊景品」と交換する。かつてはタバコやハンカチが特殊景品として用いられていたが、現在ではケースに詰められた純金が「特殊景品」として用いられている

②客は一度パチンコホールから出て、近くにある景品買取所にその「特殊景品」を持ち込む。景品買取所は特殊景品を買い取り、その量に応じて客に現金を支払う。この景品買取業務は、パチンコ景品の卸売販売を営む企業で構成する組合が実施している。これは県ごとに異なり、東京であれば東京商業流通組合の傘下の東京ユニオンサーキュレーション株式会社（略称「T.U.C」）が行っている

③こうして買い取られた「特殊景品」は、景品の卸問屋を通して、同じ店に同じ景品が循環しないように再び流通される。なお同じ店に景品が戻っている場合は実質的に「客に提供した商品をパチンコホールが買い取っている」とみなされて風営法の処分の対象になる

このようにパチンコの「三店方式」は風営法の枠内で、景品の換金が実現できるように設計されている。誠に巧妙で、大学1年生の私は逆説的に「なるほど。これはスゴい!」と感心したものである。『パチンコの歴史』（1999年、溝上憲文著／晩聲社）という本によれば、この三店方式の根幹は、1961年に当時大阪遊技業協同組合理事長だった水島年得氏が構築したようだ（※2）。

水島氏は大阪市警察のOBで、パチンコ業界の業界団体である全国遊技業協同組合の初代理事長ともなった、警察とパチンコ業界のつながりを体現するような人物である。水島

氏がなぜ警察OBという立場でありながら、パチンコをこのようなある意味で「脱法ギャンブル」化する仕組みを生み出す必要があったのか、パチンコの歴史を振り返りながら考えてみよう。

◉パチンコの起源とその歩み

パチンコ産業の起こりは必ずしもはっきりしないところがあるのだが、パチンコの直接的な起源は、1924年に東京のデパートに誕生した『球技式菓子自動販売機』だそうだ。これはお金を入れて出てきた球を弾いて入賞口に入れるとお菓子が出てくる機械で、デパートの屋上などに設置され大変な人気を博したという。日本遊技関連事業協会が1999年にまとめた『パチンコ産業の歩み』という年表によると、この『球技式菓子自動販売機』が大阪で立って打てる形に改良され、これが全国に広まっていく過程で、金沢において「パチンコ」という名称が生まれたらしい。こうして生まれたパチンコはその娯楽性と手軽さ

※2『パチンコの歴史』p116

から徐々に庶民に普及していき、お祭りの露店などでパチンコが数台並べられて即席の遊技場が開かれるようになっていったようだ。

1930年には愛知県警が名古屋で初めてパチンコホールに対して営業許可を出し、本当の意味でのパチンコ業が始まった。このパチンコホールは瞬く間に人気となり、1936年には名古屋在住の藤井正一氏が現在の鉄球で遊ぶパチンコの原型を完成させ、パチンコというゲームが徐々に確立されていった。こうしてパチンコは戦前に流行りかけていたのだが、太平洋戦争が迫ってくると「不要不急の産業」と見做《みな》され、1940年には遊技機の製造は禁止され、1942年には各地の遊技場は強制的に廃業させられてしまう。

こうしてパチンコ産業は、一度は文字どおりゼロになったのだが、太平洋戦争が終わると、その手軽さも相まってすぐに庶民の遊びとして復活した。そして1949年になると**〝現代パチンコの父〟とも呼ばれる正村竹一氏がいわゆる「正村ゲージ」を開発し、パチンコの大ブームが訪れる。**「正村ゲージ」と言われるとわかりにくいと思うが、現代のパチンコ遊技機の釘の配置そのものを指していると思ってもらってもよい。この正村ゲージによってパチンコの玉の動きはそれまで単調に上から下に落ちるだけだったのが、変化に富むものになり娯楽性は大きく増した。また正村氏は正村ゲージに関して特許を取らなかったので、正村ゲージはあっという間にパチンコ業界に普及し、いわゆる〝デファクトスタンダード（事実上の標準）〟となった。

なお正村氏も藤井氏と同じ名古屋人で、名古屋という街はパチンコの歴史において非常に重要な役割を果たしていることがわかる。名古屋に京楽産業・、サンセイR&D、豊丸産業、ニューギンといった大手パチンコメーカーが多いのは決して偶然ではなく、産業集積の力であろう。

当時のパチンコブームたるや凄まじく、1949年当時に4818軒しかなかったパチンコホールは、1953年には4万3452軒と10倍近くにまで増える（※3）。産業規模も2500億円規模にまで成長。当時の日本のGDPは6兆円弱だったことを考えると、GDPの4％の規模にまで達したことになるが、これは現在のパチンコ産業の売上の対GDP比とほぼ同じかそれを若干上回る規模である。パチンコホールは参入障壁が低く、遊技機を買い揃えればすぐに参入ができたため日本全国で参入企業が殺到したわけだ。

こうして起きた戦後パチンコブームだったが、1953年に警察が「射幸心《しゃこうしん》をそそる恐

※3　『パチンコ産業史』（2018年、韓載香著／名古屋大学出版会）p38

れがある」として連発方式のパチンコを禁じると状況は一変する。なおこの「射幸心をそそる恐れがある」という言葉はパチンコの性能に対する警察の独特の言い回しなのだが、広い意味でのギャンブル性を意味する言葉である。「パチンコはギャンブルではない」という建前があるのでこのような微妙な言葉を使っているわけだが、はっきりと「ギャンブル性」と言ったほうがわかりやすいので、この本では状況に応じて使い分けつつも、原則として「ギャンブル性」という言葉を使うことにしたい。まぁ「ギャンブル性」という言葉自体の定義もまた曖昧なのだが、そこは感覚的にご理解いただきたい。

◉パチンコ台の進化とヤクザの関わり

話を戻そう。警察がなぜこの連発式パチンコを問題視したかというと、連発式パチンコこそがパチンコに「換金」の文化を生み、パチンコのギャンブル化の第一歩をもたらす契機だったからだ。

もともと、パチンコには換金の慣習はなく、ブームが始まった1948年～1949年頃は、ユーザーはそのゲーム性を楽しみつつ景品の獲得を目的とするささやかな遊びであった。主たる景品はタバコで、パチンコ屋は専売公社（現ＪＴ）の最大の顧客だった。玉も左手で一発ずつ込めて右手で打つ単発式で、せいぜい1分で50発（当時は1玉2円）程度しか打てず、サラリーマンや肉体労働者が仕事や飲み会の帰りに寄って、遊びつつタバコを狙う——といった遊ばれ方をしていたようである。

しかしながら、ユーザーの求めもあり、徐々にパチンコのギャンブル性は上がっていく。まず1952年になると、菊山徳治氏が複数玉をストックできるパチンコ台を開発し、左手の玉を込める作業が不要になる。これにより単発式では1分間では50玉程度が限界だった発射性能が、1分間で130玉程度まで向上する。これは、単位時間あたりの投入金額が2倍以上になったことを意味しており、大きくギャンブル性が上がったことになる。そして1954年になると、名古屋のツバメというメーカーが今度は電動式連発機の開発に成功する。これにより右手で玉を打つ作業も不要になり、1分間に200玉以上の発射が可能となった。当初の1分間50玉から比べると、4倍まで単位時間あたりのかけ金額が跳ね上がったこととなる。

ここまで来ると、パチンコで勝ったユーザーが「処分しきれないほどの景品を獲得する」という現象が起きるようになる。するとユーザーの手に余るようになった景品としてのタバコにヤクザが目をつけて、一計を案じるようになった。ユーザーがパチンコホールから大量のタバコを持って出てくると、そのタバコをヤクザが仕入れ価格から割り引いた価格で買い取り、その割引き価格に若干マージンを上乗せしてホールに買い戻させるようになったのである。説明だけではわかりにくいので、実際に数字を当てはめて考えてみよう。

①ユーザーが定価100円のタバコを景品として獲得し、
②タバコをヤクザがユーザーから卸価格80円よりも下回る割引価格70円で買い付け、
③ホールに75円で買い戻させる、

という流れである。これでユーザーは不要なタバコを現金化することができ、ホールはタバコを5円安く仕入れることができ、ヤクザは濡れ手で粟の5円の仲介益を取ることができた。本来タバコの転売は法律で禁じられているので、これは明らかな違法行為であったのだが、ユーザーもヤクザもホールも一定の利益を享受でき、結果として損する者はいないので、この方式の換金は一斉に全国に広がることになった。

●「三店方式」が「大阪方式」と言われる所以

このようにパチンコの換金システムというのは、パチンコ遊技機の発射性能向上によってユーザーの景品換金のニーズが生まれ、それに目をつけたヤクザが換金の仕組みを作る――という経緯で誕生したのだが、警察は前述のとおりこれを問題視し、1954年に連発式パチンコの規制に踏み込むことを決断した。なお、この年は風営法に初めて「ぱちんこ」という名称が誕生して、皮肉なことではあるがパチンコがある意味で社会的に認められた年でもある（法令上は「ぱちんこ」という平仮名表記が使われる）。

この時警察内部ではパチンコの全面禁止まで含めた激しい議論が行われたようである（※4）。具体的には大きく、

①パチンコの全面禁止
②景品を認めない
③ギャンブル性が高いものは認めず、賞品も安価なものに限定し、現金化を防止する
④遊技機、景品は規制し、現金化防止に努める

という4つの選択肢が検討されたが、最終的には③が選択された。今でも「脱法ギャン

※4　『パチンコの歴史』p64～

ブルのパチンコを禁止しろ」という過激な意見がしばしば見られるが、日本が本当にパチンコを禁止するとしたらこのタイミングしかなかったであろう。この時にパチンコ全面廃止の意見も強い中で警察が③を選択したのは、「ぱちんこ遊技に関する事務上の参考資料」なる警察の内部文書によると、

「敗戦という有史以来の大打撃を受け、経済的、精神的に暗澹たる無気力な状態にあるとき、ぱちんこ遊技が多くの人のリクリエーションとなり、娯楽となって、明日への意欲を奮い立たせたこともあったと思われる」

という理由のようである。このことはパチンコ産業の原点として、今の業界関係者も忘れてはならないことのように思われる。

1954年に連発式が禁じられるとパチンコブームは去り業界は不況を迎えるが、それでも依然として換金の文化は途絶えなかった。もちろん警察も取り締まりを強化したのだが、そもそも実質的な換金の主体が法令遵守という概念がないヤクザであったので、規制強化はあまり意味をなさなかったようだ。パチンコホールの店長が換金を排除しようとヤクザと距離を置こうとすると、暴力団の事務所に連れていかれて脅され、ガラの悪いヤクザが店を占拠して営業妨害し、時にはパチンコホールを夜中に襲撃する……というような

事態が全国で相次いだ。パチンコの換金は暴力団にとってローリスク・ハイリターンな「美味しいシノギ」であって、簡単に手放すわけにはいかなかったのである。ホールとしては放っておけば暴力団が店の外で景品を客から買い取って、ホールに無理やり売りつけようとしてくるため、当時暴力団から関係を絶とうとするには景品の自家買取をせざるを得なかったが、これは明確な風営法違反の換金行為であり、八方塞がりの状況だった。

こうして「換金を禁じようとする警察」と「換金利権を求める暴力団」の間に挟まれて苦しんだパチンコホールは、警察ＯＢと協力してなんとか「警察も認める換金方式」を確立しようという努力をするようになる。その動きの表れとして、大阪市警ＯＢの水島氏がパチンコ業界に招かれたというわけだ。

前述のとおり、風営法はホールによる景品の自家買取を禁じている。そこで水島は、パチンコ店とはまったく関係ない独立した第三者の組織が客から景品を買い取る分には**「合法とは言い切れないまでもギリギリ風営法には抵触しない」**と考えた。問題はこの買取機関を誰にやってもらうか、ということなのだが、水島はこれを「大阪身障者未亡人福祉事業協会」に依頼した。当時、この団体は６８７人の身障者や未亡人に生活扶助を支給していたが、彼ら彼女らに仕事を与えようと考えたのである。暴力団も建前としては「弱者の味方」という体裁を取っているため、社会的弱者である身障者や未亡人に手を出す(暴力を振るう)わけにはいかなかった。これは〝見事な知恵〟とでも言えるもので、①暴力団排除、②社会的弱者の救済、③警察も認める換金方式の確立、という3つの要請を見事に達成し得る手法であった。こうして三店方式は大阪でそのシステムの根幹が確立し、全国で普及していった。三店方式が「大阪方式」とも呼ばれる所以である。

とは言え、そもそも警察も建前としては換金を禁止する立場を取っていたこともあり、この「大阪方式」をすぐに認めたわけではなかった。実際、霞が関で警察制度を管轄する警察庁は大阪方式を「違法」とする見解を当初は示した。これに反発したのが、現場を代表する大阪府警で、この両者の対立は大阪で起こった具体的な事件を通して表面化する。その事件の概要は以下のとおりだ。

・大阪市内のパチンコホールの従業員Aは、馴染みの大阪福祉事業協会出張所の従業員B子から「従業員が急遽ひとり休むことになって人手が足りないので、一時的に景品買取所の留守番をしてほしい」と連絡を受けた

・Aはパチンコホールの店員が景品買取をしてしまうと風営法違反になることを知っていた。そこで自身が経営する別会社の従業員Cに景品買取所の留守番をするように指示をした

・こうして大阪福祉事業協会の会員ではないCが一時的に景品買取所の留守番を任され、景品の買取業務を行った

この事案はすぐに大阪府警の知るところとなり、従業員Aは風営法に基づく条例違反で検挙されることになったが、その後、この事案の解釈をめぐって警察庁と大阪府警は揉めることになった。警察庁としては、

「従業員Aが問題なのではなく、そもそもパチンコホールが大阪福祉事業協会に景品を買い取らせていることが問題だ」

というスタンスを取った。大阪方式の全否定である。これに対して大阪府警側は、

「大阪府の条例では、あくまでパチンコホールの営業者、従業員が換金行為に携わることを禁じているに過ぎない。逆に言えば営業者や従業員と意を通じない第三者が商品の買取をする行為は、条例違反として問責することはできない。したがって大阪福祉事業協会の景品買取行為は、直ちに違反とは言えない」

と主張した。警察庁が「大阪方式そのものが問題である」としたのに対して、大阪府警は「大阪方式そのものは必ずしも問題とは言えない。パチンコホールと景品買取所が独立した関係にあるかないか、という点を処分の基準とすべきである」としたわけである。

警察組織では個別事件の裁量権限はあくまで各都道府県の警察組織にあるため、結果的にはこの事件では大阪府警が持論を押し通すことになった。

こうして「三店方式」の合法性については、これ以後中央と地方で長らく解釈が分かれることになった。このように三店方式は「暴力団排除」という実務上の要請から大阪を発祥地として生まれたものであったが、**長らくその合法性についてはグレーとされてきた。**しかしながら、三店方式の扱いについては近年変化が見られ始めている。このことについてはまた後で議論したい。

●警察とパチンコ業界の深い関係

前項で警察とパチンコ業界の関係について少し踏み込んだので、ここでこの論点について、警察の組織構造や、風営法上の許認可権限という観点から掘り下げてみよう。

警察とパチンコ業界の関係は非常に複雑である。三店方式をめぐる議論でも垣間見えたように、警察といっても、「中央警察である警察庁」と「地方警察である都道府県警察」は必ずしも同じ方向を向いているわけではない。また、パチンコ業界の側でもホールとメーカーでは立場が大きく異なる。すべてを一度に説明することは困難なので、順を追って整理していこう。

まず「警察庁とパチンコホールの関係」であるが、端的に言えば**「警察庁はパチンコホールの監督官庁」ということになる。**警察庁は、国家公安委員会の管理の下で、パチンコホールを規制する風営法の制度全般を所管している。一方、都道府県警察は、風営法の枠組みの中でパチンコに関する個別の許認可権限が与えられており、例えばパチンコホールは各都道府県公安委員会の許可がなければ営業できないこととされている。

ここで「公安委員会」という耳慣れない言葉が出てきたが、単純に「国家公安委員会＝警察庁」、「都道府県公安委員会＝都道府県警察」と理解しておけば基本的には問題ない。なお「警視庁」はいかにも中央省庁のような名前だが、東京都の警察組織に過ぎない。ややこしいが、読者の皆様におかれては中央省庁である警察庁と混同しないようにされたい。

いきなり話がややこしくなりつつあるが、このように日本の警察の組織というのは、地方分権的性格と中央集権的性格、という二面性を持っている。組織体系の原則から見れば、警察というのは非常に地方分権的な組織で、警察の制度設計をする警察庁は国家公安委員会の下に置かれることとされ、国家公安委員会のトップの国家公安委員長は国務大臣とされている。

他方、警察実務を担う都道府県警察は都道府県公安委員会に管理されることになっており、都道府県公安委員会は都道府県知事の下に置かれている。

つまり原則としては、日本の警察組織は制度設計と実務で役割分担されており、中央省庁である警察庁は内閣の一部として関連法令を整備し、一方、警察実務を担う都道府県警察はそれぞれの都道府県知事の下に置かれる、という分権色の強い組織になっている。ただこれはあくまで原則であって、制度をよくよく見ると、中央集権的な要素が随所に見られる。

例えば警察庁のトップである「警察庁長官」は、その任務の範囲内においては「都道府県警察を指揮監督する」ともされている。全国の警察組織を指揮監督できるのだから、これはものすごい権限だ。そして、現実に警察庁と都道府県警察は、人事を通じて相互に連携して活動している。各都道府県警察本部の事務方のトップである本部長の実質的な任命権は国家公安委員長にあり、その多くは警察庁入庁のキャリア組が占めている。これは見方によっては警察庁が全国の都道府県警察を人事を通じて牛耳っていると見ることもできる。

警察の権力があまりにも強いため、また都道府県レベルでは実務的に対応しきれないことも多いため、さまざまな工夫を凝らした結果、このような二面性を持つ制度になったということなのだろう。ただこうした指揮系統がはっきりしない体制は、外部からの監視の目が届きにくいという問題がある。例えば国会で警察の所管する法律の運用のあり方について質問すると「実務に関しては都道府県警察の問題で我々は与《あずか》り知りません」ととぼけられ、一方で地方議会で同じ質問をしても「制度全般に関しては警察庁が判断することで我々には答えられません」とこちらでもまたとぼけられる事態が起きがちなので、果たしてこのような組織形態が本当に適切なのかどうかは私にはよくわからない。

いずれにしろ、このように警察が中央集権的性格と地方分権的性格を持っている以上、警察とパチンコホールの関係は、制度設計を担当する警察庁と全国レベルの業界団体の付き合いと、許認可権を握る各都道府県警察と地方レベルの業界団体との関係というふたつの側面を持つことになる。これはパチンコホールの業界団体を見るとわかりやすい。

パチンコホールには各都道府県に「○○県遊技業協同組合」という業界団体がある一方、全国レベルではこれらが連合して「全日本遊技事業協同組合連合会（全日遊連）」を作り上げている。**そして当然のごとく各組織には、都道府県警察、警察庁のOBが再就職している。いわゆる「天下り」である。**ここで逐一その具体例を挙げる気はないが、例えば全日遊連の専務理事を務める片山晴雄氏は警察庁のＯＢであり（※５）、また東京都遊技業協同組合の専務理事の安藤薫氏は警視庁のＯＢである（※６）。パチンコ業界として警察組織との調整が必要な以上、警察内部に精通した人材が必要なことは明らかで、また暴力団排除のためにも、私は決して一概に警察組織からパチンコ業界への天下りを不適切と言う気はないのだが、**こうした警察とパチンコ業界の関係は利権を生みかねないこともまた事実だ。**

したがって、警察ＯＢの業界団体への再就職は必要性がある以上やむを得ないとしつつも、議会等で警察組織とパチンコ業界との間で不適切な関係が生まれていないか常時よくよくチェックしておく必要があると思うのだが、現実には、先に述べたような警察の複雑な組織構造により議会の監視が働きにくい。この点は非常に大きな問題であるように感じている。若干抽象的でわかりにくい議論になったかもしれないが、具体的なことについては後々話していくことにしたい。

◉メーカーと警察の関係から浮かび上がる〝グレーさ〟

と、ここまでパチンコホールを中心に警察とパチンコ業界との関係を見てきたが、パチンコ・パチスロメーカー視点だとまた違う風景が見えてくる。

まずそもそもパチンコ・パチスロメーカーは厳密には警察庁の所管業界ではない。先ほど挙げた全日遊連が警察庁の認可を得て設立された団体であるのと違い、パチンコメーカーの業界団体である「日本遊技機工業組合（通称：日工組）」も、パチスロメーカーの業界団体である「日本電動式遊技機工業協同組合（通称：日電協）」も、経済産業省の前身である通商産業省の認可を得て設立された団体である。建前としては警察庁が所管しているのはあくまでパチンコホールのみであり、製造業であるパチンコ・パチスロメーカーは経産省の所管業種である。

しかし実態は違う。警察庁は風営法に基づいて「遊技機の認定及び型式の検定等に関する規則（通称：遊技機規則）」という省令を定めて、遊技機の技術上の規格を細かく定めている。そして警察庁の傘下団体である「保安通信協会」と都道府県警察が協力する形で遊技機の型式に関する検定制度が運営されており、パチンコ・パチスロメーカー（以下、単に「メーカー」とする）としてはこの検定制度を通過しない限りは遊技機の大量生産が実質的にで

※5 http://www.p-fac.com/news/1220
※6 『業界通信web』2016年3月29日「都遊協　全日遊連理事長に阿部氏を推薦」

きない仕組みになっている。実際にメーカーが新しい機種を開発してから、その遊技機がホールに出るまでの風営法上の手続きを示すと以下のようになる。

①遊技機メーカーは、新たな機種を作ると、その機種が風営法に基づき定められた「技術上の規格」に適合しているかどうか、保安通信協会に遊技機の性能を試験してもらって確かめる

②新機種が保安通信協会の試験に適合した場合、メーカーは各都道府県公安委員会に「検定」手続きを申請する。この検定手続きは各都道府県公安委員会ごとに個別に行われるもので、該当機種が「技術上の規格」に適合していることを確認するものだが、通常形式的で試験に合格していれば問題なく通過する

③この検定を通過すると、その機種は合法性が保証されることになる。検定期間は有限で3年とされる。つまり検定を取得すれば、その機種は「3年間は合法な機械として扱いますよ」ということを都道府県公安委員会から保証されることになる。そのため新たな機種の型式の検定が得られた場合、メーカーはその機種の遊技機の大量生産を始める

④こうして検定を通過した機種の遊技機は、パチンコホールに購入されることになる。ホールは、メーカーから「この遊技機は、検定を通過した型式の遊技機と性能が同一であ

る（逆に言えば不正改造がない）」ということを保証する書類を添付してもらった上で、都道府県警察に新しい遊技機（一般に「検定機」と呼ぶ）を設置することを「承認」してもらう手続きを取る

⑤この承認が得られるとホールはようやくその遊技機を営業に用いていいことになる。ただし検定結果は最大3年間しか有効でないため、ホールがそれ以上その遊技機を設置して営業したい時は、今度は個別の遊技機ごとに「認定」と呼ばれる手続きを取る必要がある。この「認定」をもらうには、ホールはメーカーにメンテナンスサポートをしてもらう必要がある。こうして「認定」が得られた遊技機は（通常「認定機」と呼ぶ）、さらに3年間警察に合法性を保証してもらった状態で、営業に用いることができる

こうした実務を日々こなしているのが都道府県警察で、実務は行わないが制度全般を決めているのが警察庁というわけである。ただ現実には、都道府県警察は日常業務を行うにあたっての判断は自身で行うが、業務遂行にあたって制度全般に関わるような論点があった時は、警察庁に法令解釈の問い合わせをして見解を問いつつ、最終的には現場の責任者として自らの判断基準を作り上げていくことになる。

非常にややこしい説明になったので、改めて手続きについてもう少し端的にまとめてお

こう。遊技機の新規開発から導入までには、以下のように「試験」「検定」「承認」、そして必要に応じて「認定」という4つの手続きを警察との関係で取得する必要がある。

①メーカーが特定機種について保安通信協会の「試験」を受ける

②メーカーが特定機種について都道府県公安委員会から「検定」を取得する

③ホールが検定を取得した型式に属する遊技機を購入し、都道府県警察から「承認」を得る

④ホールが検定期間（最大3年）を超えて遊技機を営業に利用したい場合には、ホールがメーカーのサポートを得て、個別遊技機ごとに「認定」を取得してさらに最大3年間営業に用いる

このように実態としてはパチンコホールに限らず、メーカーも警察庁の管理下にあり、風営法の制度の中で重要な役割を果たしている。しかしながら、前述したように実態と権限が合致していないため、メーカーは制度の中で重要な役割を果たしているにもかかわらず、非常に弱い規制しかかかっていない状況にある。そのためパチンコ業界では、先に述べたパチスロの「AT機」や「ST機」、後述する**パチンコの「MAX機」**の開発に象徴されるように、メーカーが法の網の目を縫って脱法的にギャンブル性を高めた機種を作ろうとす

る取り組みが絶えない。

これは現行の風営法の基礎が作られた1984年当初からの問題で、やや専門的になるが同年6月26日の衆議院地方行政委員会では、警察庁の担当であった刑事局保安部防犯課長の古山剛氏が以下のように答弁している。

○古山説明員「パチンコの遊技機につきましては、テレビゲーム機等と違いまして、第七号の営業で、現在でも改正法の中でも、賞品を提供するということを前提としたものでございます。したがいまして、現在でもその遊技機が著しく射幸心をそそることとならないようにいろいろと規制をいたしておるわけでございますけれども、現在、各県の条例で、それぞれの公安委員会がその遊技機が適切であるかどうかを判断するということでやっておるわけでございます。私どもといたしましても、その認定の基準ができるだけ全国斉一になるように指導はいたしておりますけれども、やはりある程度まちまちという、そういう点もあるわけでございます。

そこで、今回の改正法案におきましては、二十条の中で、国家公安委員会規則で遊技機の認定について必要な技術上の規格を定めることができるということにいたしまして、そしてまた、その技術上の規格に適合しているかどうかにつきまして指定試験機関で検査をするという規定も入れておりまして、メーカーそのものにつきまして規制をするということは、この風営法の性格上できないことであるわけでありますけれども、事実上、そういうことが担保されるようにいろいろとそういう規定を盛り込んでいるところでございますので、御理解をいただきたいと思います」

警察庁としても何もしていないわけではなく、この答弁で「メーカーそのものにつきまして規制をするということは、この風営法の性格上できないことであるわけでありますけれども、事実上、そういうことが担保されるようにいろいろとそういう規定を盛り込んでいるところでございます」と述べているように、弱い規制しかかかっていないメーカーに対して行政指導をするためにいろいろと工夫を凝らしてはいる。

例えばホール・メーカー・商社などをまとめた業界横断的な団体として「日本遊技関連事業協会」を設立させたり、また全日遊連に関連機械や支払いシステムなども含めた主要業界14団体をまとめた「パチンコ・パチスロ産業21世紀会」という団体を作らせたりして、直接周辺産業に行政指導しなくても、間接的に業界全体に行政指導できるような仕組みを整えはしている。

しかしながらこのような手法を用いなければならないこと自体が警察庁の限界を示して

いるし、パチンコ業界が〝グレー産業〟と言われる所以も、また不正が相次ぐ所以も、こうした警察組織そのものや、また権限と実態が乖離した曖昧な規制の枠組みなどの〝グレーさ〟が深く関わっていると言わざるを得ないだろう。

◉平沢勝栄氏が警察庁保安課長に就任した意味

少しわかりにくい制度的な話が続いたので、ここで一度、〝パチンコ業界のドン〟とも言える平沢勝栄議員の実績を通じて、警察庁とパチンコ業界の関係に関して考えてみよう。

平沢勝栄議員というと、一般的には「テレビによく出てる面白い人」という印象があるかもしれないが、パチンコ業界にとって平沢勝栄氏はただのいち「警察OB議員」という言葉では語れないくらいの大きな存在である。彼がいかにして〝パチンコ業界のドン〟と呼ばれるまでに至ったのかの経緯について詳しく話していこう。

平沢勝栄氏は1968年に東京大学法学部を卒業して、警察庁に入庁したキャリア官僚だった。入庁後は、大阪府警を経て警察庁の外事課に配属され、以後は米国留学などを経て、福岡県警として北朝鮮スパイを追ったり、レバノンで日本赤軍を捜査したり、イギリス大使館などに赴任したりと外事警察畑を歩んでいた。しかしながら1983年から1985年にかけて警視庁への出向時に防犯総務課長を務めると、その後キャリアが徐々に変化し、1985年に内閣官房長官秘書官を経て、1987年11月パチンコ業界を所管する警察庁保安課長に就任した。外事警察畑を歩んできた人材が、生活安全行政を担当する保安課の課長に就任するこの人事は、異例とまでは言わないまでも珍しいものであったようだが、通常7月に行われる官庁の課長級の人事が11月に急遽行われたという意味でもイレギュラーなものであった。

このような珍しい人事にはそれ相応の事情があるもので、ではこの時期何があったかということを調べてみると、**彼の保安課赴任と時を同じくして1987年11月28日、大韓航空機爆破事件が起きている。**この事件は北朝鮮の工作員2人のテロによるものだったが、決して突発的なものではなく、北朝鮮が韓国単独でのソウルオリンピック開催に反発して動きを活発化させる中で起きたものであった。この事件を機に公然の秘密であった「パチンコ業界と北朝鮮の関係」は社会的批判にさらされるようになり、政府としてもパチンコ業界から北朝鮮への資金流出になんらかの対策が強く求められるようになる。パチンコ業界から北朝鮮への送金ルートは朝鮮総連を介したものであった。

こうした状況を踏まえると、外事畑を経験し、防犯行政にも精通し、なおかつ後藤田正晴内閣官房長官(当時)の秘書官を務めて政界にネットワークを持っていた平沢氏がこの時期に保安課長に就任したのには特別な意味があったと考えるのは邪推とは言えず、むしろ連動していると考えるほうが自然であろう。当時、北朝鮮の問題は米ソ関係にまで及んでおり、1987年12月のゴルバチョフとレーガンの会談の主要課題は朝鮮半島情勢であった。なお平沢氏はいくつか著作で警察官僚時代のことを振り返っているが、不自然なほどに官房長官秘書官時代の具体的な記述が少ないので、勝手ながら相当な政府の機密事項を扱っていたのではないかと推測している。

このように平沢勝栄氏の保安課長就任はさまざまな背景を感じられるものだったが、実際に平沢氏は大きな動きを見せるようになる。平沢氏が保安課長に就任して8か月後の1988年7月8日、警察庁に全遊協(ホール系)、日工組(パチンコメーカー系)、日電協(パチスロメーカー系)、自工会(周辺機器系)のパチンコ業界4団体首脳が集められた。平沢保安課長は、この場でパチンコ業界に対してこれまでの保安課長とはまったく次元の異なる要求をする。それが「**全国共通プリペイドカード構想**」の推進であった。

◉パチンコの大変革・プリペイドカード構想

この構想の内容は「これまで現金かつ店内で行われていたパチンコホールの貸玉決済を、テレホンカードのような全国共通のプリペイドカードに切り替える」という大掛かりなもので、表向きは「これによりパチンコ業界の不透明な資金の流れをクリアにして脱税を撲滅し、また、換金利権から暴力団を追放することを目指す」などとされていた。

業界にとっては青天の霹靂であったであろうが、平沢氏はこの時点で、ＪＲ、ＮＴＴ、銀行などの大手資本をこの「プリペイドカード構想」に参画させることを説得済みで、１９８８年10月には新たなカード会社を資本金10億円で設立させると宣言した。このプリペイドカード構想について平沢氏は「業界からの陳情を受けて進めた」という趣旨の発言を著書などで語っているが、これを信じている人ははっきり言って業界に誰もおらず、**北朝鮮への資金ルートを断絶するために政府が根回しして仕掛けたとする見方が支配的である。**

私は官僚時代含め何度か警察庁とやりとりしたことがあるが、警察庁は徹底したピラミッド型の組織であり、いち課長が業界の要望を受けて独自に立案した構想がそのまま通るような組織では決してなかったし、ましてや警察庁のいち課長の立場で天下の大資本を説得して回るのは不可能であろう。**個人的な感覚としても平沢氏の発言は信じ難く、もっと大きな政治の意思が動いていた可能性は極めて高いと言ってもいいだろう。**

このように緊迫する北朝鮮情勢を背景に進められたプリペイドカード構想だったが、案の定これに強烈に反対したのが朝鮮総連で、総連系のホールの影響力が強かった業界団体である「全遊協（全日本遊技業協同組合連合会）」もプリペイドカード構想に反対したが、他の3団体は構想に参画する意向を示す。一方で警察庁の構想推進の意思は固く、1988年10月4日には構想推進の主体として、「日本レジャーカードシステム株式会社（現在ゲームカード・ジョイコホールディングスの一部に吸収）」を実際に設立した。こうなると全遊協の会員である大半のホールは警察当局との対立をおそれて分裂運動を始め、1989年5月に全遊協から脱退したホールが、警察当局との関係を再構築するために新たなホール団体として「全日遊連（全日本遊技業組合連合会）」を設立することになる。さらに7月には警察庁肝いりの業界横断団体として「日遊協（日本遊技関連事業協会）」も誕生する。この結果、全遊協は1989年11月には解散に追い込まれ、**警察庁がプリペイドカード構想を示してからわずか1年強で24年の歴史を誇った業界団体は消滅することになる。**

こうして警察庁はホール団体から朝鮮総連の影響を取り除いた新業界団体を作ることで、

業界の意思決定から朝鮮総連の影響を取り除き、プリペイドカード構想を推し進める体制を作ることに成功する。これにより平沢勝栄氏の功績は不動のものとなった。

◉「確率変動」により全盛を迎えるCR機

こうしてパチンコ遊技にあたって、現金ではなくプリペイドカードをベースに入金する時代が始まったのだが、いかに警察の指示と言えど、パチンコ業界にとってメリットが乏しいままではプリペイドカードは普及するはずもなかった。肝いりで立ち上げたカード会社も赤字が募り、参加企業から不満が出るよ

◎ゲーミング市場規模推移（単位：億円）

	1975年	1985年	1990年	1995年
パチンコ	13,040	107,250	169,460	309,020
宝くじ	350	3,350	6,250	8,280
サッカーくじ	—	—	—	—
中央競馬	9,080	16,460	30,980	37,670
競艇	11,750	14,160	21,500	17,960
競輪	10,940	11,130	18,410	15,860
地方競馬	6,860	5,760	9,350	6,990
オートレース	1,650	1,980	3,290	2,700
合　計	53,670	160,090	259,240	398,480

※パチンコ・パチスロ産業データ2006　各年度レジャー白書より作成

うになった。こうした状況を打開するため、1992年頃から警察は普通機の取り締まりを厳しくする一方、遊技機とカード式台間玉貸機を一体化させた「**CR（カードリーダー）機**」に限ってギャンブル性を高めることを認める方針を取る。**警察庁はギャンブル性の向上をだしにして、業界にCR機導入を迫ったのだ。**なお、この頃には平沢氏はすでに警察庁保安課長の座を退いていたが、警視庁の防犯部長として防犯行政に隠然たる影響力を保っていた。

警察庁のこうした施策の効果はてきめんで、CR機は『CR花満開』（西陣）、『CR大工の源さん』（三洋）や『CRモンスターハウス』（竹屋）を代表としてヒット機が続出する。**ギャンブル性の向上に使用されたのは「確率変動」、いわゆる確変である。**特定の図柄で大当たりすると、次回あるいは次々回大当たりまで、大当たり確率が甘くなり、電チューの開放回数も増加するため、持ち玉を減らすことなく遊戯することができる。この機能はCR機にしか搭載が認められず、現金機と呼ばれる従来の普通機の人気は急落。短期間のうちにCR機の支持率は爆発的に上昇した。

現在のパチンコでは、確変は「次回大当たりまで」と規定されているが、当時は〝2回ループ機〟と呼ばれる機種がメインだった。先述の『CR大工の源さん』や『CRバトルヒーロー』（大一）が代表格で、ひとたび確変に突入すると、あと2回大当たりするまで確変状態が継続。その2回のうちに、もう一度、確変図柄を引き当てれば、さらに2回分の大当たりが約束される。1回の大当たりで得られる出玉は約2400個。これがどんどん蓄積されていくわけで、若いサラリーマンなどは1か月分の給料を一日の遊戯で得られるほどギャンブル性は高まっていった。

その他、金景品に関する規制を緩和して上限を3000円から1万円に引き上げたことなどもあり、**1990年から1995年にかけて、パチンコ産業の規模は16兆9460億円から、30兆9020億円へと飛躍的な伸びを見せる。**

カード会社も一気に業績を回復し、累積赤字を一掃して経営も軌道に乗った。この時期、他のギャンブル産業が伸びていたわけではなく、むしろ中央競馬を除いて市場規模が縮小気味だったので、これは他のギャンブル産業の市場にパチンコが食い込んだと解釈すべきように思える。つまり、他のギャンブル産業の代替をするくらいに「パチンコのギャンブル化」が進んだということなのだろう。

このように、平沢氏はパチンコ業界と北朝鮮との関係に切り込んで非常に大きな実績をあげたことは間違いないのだが、**皮肉にも彼のプリペイドカード構想が遠因となってパチ**

ンコのギャンブル性がどんどん上がっていくことになった。もちろん当時の国際情勢を考えれば、このことは一概に否定することはできないが、現在に至るギャンブル依存症問題を大きくすることにつながってしまったということも否めないだろう。

もっとも当時のプリペイドカードはセキュリティが極めて脆弱《ぜいじゃく》で、「簡単に偽造できる」という最大の弱点を抱えていることがのちに発覚した。外国人がパチンコホール近辺の公園で偽造プリペイドカードを安価で密売する行為が常態化するに至って、プリペイドカード構想は志半ばにして衰退。結果としてギャンブル性の高いＣＲ機だけが生き残るという、歪んだ結末を迎えることとなった。

また仕方ない事情があったにしても、監督官庁であるはずの警察が事実上パチンコ業界のいちプレイヤーになったことで、警察とパチンコ業界は半ば「共同経営者」となってしまい、歪《いびつ》な依存関係が深まってしまった。今になって警察は業界の健全化やギャンブル依存症の問題への対策を唱えているわけだが、問題を大きくしたのはこの時期の警察の態度そのものであったことを考えると、いささか虫が良すぎるように感じるのは私だけではないだろう。なお、言うまでもないことかもしれないが、日遊協の常勤理事は警察庁のキャリア官僚の天下りの指定席である。

第2章

パチンコと在日と北朝鮮

～朝鮮総連の暗躍と日本人の誤解

◉「パチンコ」と「在日」と「北朝鮮」

前章でパチンコ業界と北朝鮮の関係についての話が出てきたが、この点については誤解も多いので、ここで一度整理しておこう。

パチンコ業界は歴史的経緯もあって在日資本が多い業界である。在日朝鮮人のアイデンティティは複雑だ。

太平洋戦争終了時に日本本土に在住していた朝鮮半島出身者は210万人程度、存在したと推計されている(※7)。彼らは少なくとも戸籍上は日本人であったが、その所属意識は当然にして日本本土ではなく朝鮮半島にあった。そのため、朝鮮半島の独立を前提とした連合国の信託統治が始まると、このうち140~150万人は祖国である朝鮮半島に1946年2月までに帰還したが、他方で残りの60万人弱は生活の基盤のある日本に残り続けていた。

1946年3月18日に厚生省(当時)が行った調査によると、こうした朝鮮半島出身者の総数は64万7006人、そのうち帰国希望者は総数の79・5%の51万4060人となっている。総人数は1947年の外国人登録令施行時には59万8507人にまで減っており、戦後、朝鮮半島出身者の多くは帰国を希望し、現実に帰国の準備を進めていたと言っても過言ではないと思う。しかしながら、朝鮮半島の経済状況があまりに悪く、その上、日本からの財産の持ち帰りが制限されたために、徐々に在日朝鮮人の帰国熱は冷めてくるようになる。中には、この時期に後述するマルハン創業者の韓昌祐（ハン・チャンウ）氏のように、逆に祖国の経済環境に絶望して日本に密航する人も出てきた。それほどまでに当時の朝鮮半島の経済・社会情勢は悪く、さらに追い打ちをかけるように１９５０年には朝鮮戦争が始まった。いくら祖国愛があったとしても、帰国よりも生活を優先するのは人間である以上当たり前のことであろう。

こうして日本に残ることになった50～60万人弱の在日朝鮮人はＧＨＱおよび日本政府から「日本籍の外国人」という奇妙かつ複雑なステイタスを与えられることになった。こうした在日朝鮮人の不安定なステイタスが急変したのは１９５１年9月8日のサンフランシスコ講和条約調印直後のことだった。条約締結により日本の領土から正式に朝鮮・台湾が分離したことで、彼らの日本国籍は突如「喪失」されることになったのだ。

※7　このあたりの経緯は『歴史教科書 在日コリアンの歴史 第2版』（２０１３年／明石書店）ｐ67付近を参照

この「喪失」というのは日本側から見た言い方で、朝鮮半島出身者の立場からすれば一夜にして日本国籍を「剥奪」されることになったわけであるが、いずれにしろこうして「在日朝鮮人」という現在に至るステイタスが固定されることになったわけである。

当時、日本政府、というより日本社会全体がいわゆる日本本土出身の「内地人」に衣食住を提供するのに手一杯で、在日朝鮮人に対しては雇用面を中心に差別的な取り扱いをしていた。このため在日朝鮮人はその過半が無職という状況に陥り、「貧困と放浪」を余儀なくされ、1952年10月の時点で在日朝鮮人53万5803人のうち、約61％の32万8624人が失業者という有様だった。

このような状況であったので、在日朝鮮人は就職を望めず、自ら起業することを余儀なくされた。そのような状況に追い込まれていた在日朝鮮人にとって、**手軽に小資本で参入できる戦後のパチンコブームは絶好の機会であり、多くの在日朝鮮人がパチンコ市場に参入した。**

ただ前述したように、パチンコブームを問題視した警察が1954年に連発式パチンコを禁じるとパチンコブームは去り、一気に市場が冷え込むことになった。この落ち込みはブームと同じくらい急速で、4万軒を超えるまで増えたパチンコホールは1957年には

8792軒にまで減少する。

この頃には朝鮮戦争による特需、いわゆる〝朝鮮特需〟で日本全体の景気が持ち直しつつあったこともあり、パチンコ業界の市況が冷え込んでいく中で、日本人のホールオーナーの多くは他産業へと業種転換していった。他方で在日朝鮮人にはほとんど職業選択の余地はなく、**彼らの多くは経営が苦しい中でもパチンコホールを続けざるを得なかった**。自分たちの母国の戦争で大儲けしながら就職市場から自分たちを排除する日本社会に対して在日朝鮮人がどのような感情を抱いたかは察するに余りある。

こうして戦後のパチンコブーム時の在日朝鮮人のパチンコ業界への大量参入と、その終焉後の市場の冷え込みによる日本人ホールオーナーの撤退によって、パチンコホールの在日資本比率は大幅に高まることになり、パチンコ産業はいわゆる〝在日産業〟としての性格を有するようになった。

他方でこれまで述べたように、祖国解放・独立を経験し、親族の多くが本国に残っており、なおかつ日本社会から差別的な取り扱いを受けていた在日朝鮮人1世のアイデンティティは当然にして日本よりも韓国・北朝鮮に向いていた。そのため、日本にいながらも祖国の発展に貢献したいという思いが強く、戦後しばらくすると、それはパチンコ業界から本国への送金という形で表に現れるようになる。

◉朝鮮総連を介して北朝鮮に送られた脱税資金

この時、韓国にルーツを持つ在日朝鮮人の方々(以後、便宜的に「在日韓国人」と呼ぶ)は公式なルートで本国へ送金なり投資をすればよかったのだが、日本と国交のない北朝鮮側にアイデンティティを求めていた人(以後、便宜的に「在日北朝鮮人」と呼ぶ)はそうはいかなかった。そのため彼らの代弁者たる朝鮮総連が、不正な送金ルートを開発していくことになる。その代表的なルートがかつて日本と北朝鮮の交易船としての役割を果たしていた「万景峰(マンギョンボン)号」を使ったものだった。朝鮮総連は、在日北朝鮮人の歌劇団である「金剛山歌劇団」の公演を全国各地で行い、その公演開催に対する寄付やチケットという形式で在日商工団体から資金を集め、その資金を万景峰号を通して北朝鮮に定期的に送金していた。この規模は一回あたり10~20億円に及ぶこともあり、年間で数百億円に達していたようだ。**そしてそのお金のかなりの部分は在日北朝鮮人がパチンコを通して稼いだものであった。**このように当初パチンコ業界と北朝鮮の関係というのは、朝鮮総連を介した間接的なものだった。もちろん北朝鮮へ寄付する在日北朝鮮人も、商売人なだけあって祖国愛だけで多額の寄付をするというわけではなかった。朝鮮総連は地方自治体や日本政府に対して恫喝《どうかつ》を繰り返すことで、在日北朝鮮人の経営する企業が脱税しやすい環境を作り出して、本国への送金の原資を作り出すことに貢献していた。つまり「北朝鮮への送金の原資は脱税で、脱税しやすい環境を朝鮮総連が作り出していた」ということになる。前述の平沢勝栄氏は著書『警察官僚が見た「日本の警察」』（1999年、講談社）でそのあたりの事情を以下のように記している。

家族や親類を北朝鮮に残して日本に来たものにとって「祖国に送金しろ」という命令には逆らえない。身内を人質に取られているようなものだからだ。パチンコ業者の中には、かつて一人で数十億円も寄付したものまでいた。昔は、1億円以上寄付したものには全員勲章が与えられ、名前が北朝鮮関係の雑誌に出た。祖国に貢献した人々として、パチンコ業者の名がズラーッと雑誌のページに並んでいたのである。

北朝鮮系のパチンコ店に対しては、国税の取り立ても甘かった。かつて国税局が北朝鮮系のパチンコ店に査察で入ったとき、朝鮮総連がその国税局に、デモ隊を組織して批判のシュプレヒコールをあげたことがあった。この一件で、国税局はすっかり怖じ気付いてしまったからだ。そして、北朝鮮系の店舗の税金問題は、必ず朝鮮総連系の在日朝鮮人商工連合会に相談するという約束まで交わしてしまったのことである。

北朝鮮の組織としては「北朝鮮系のパチンコ店は、我々のおかげでいくらでも金がごまかせるようになったじゃないか。そのごまかした金を我々に送ればいいだろう」という論法で、パチンコ業者に催促していると聞いた。

この文中に出てくる国税庁と在日朝鮮人商工連合会の約束は、「五項目合意」と呼ばれるもので以下のような内容であったと言われている。

①朝鮮商工人のすべての税金問題は、朝鮮商工会と協議して解決する
②定期、定額の商工団体の会費は損金として認める
③学校運営の負担金に対しては前向きに解決する
④経済活動のための第三国旅行の費用は、損金として認める
⑤裁判中の諸案件は協議して解決する

このような合意が本当にあったかどうかは謎で国税庁は否定しているが、少なくとも朝鮮総連のパンフレットには１９７６年10月にこうした内容について合意したと記載されており(※８)、あながち根も葉もない話ではないようである。少なくとも、朝鮮総連はこの

合意があったと認識していたことは間違いないだろう。こうした政治的背景もあり、**戦後長らくパチンコ業界は「脱税業種Ｎｏ．１」と言われており、その脱税された資金が北朝鮮に送られている、という構造があった。**この金額は年間数百億円とも言われており、おそらくはその資金の一部が北朝鮮の核兵器の開発に使われたと目されている。

このように、在日1世の時代はパチンコと北朝鮮の関係は朝鮮総連を介した間接的なものだったが、これが在日2世の時代になると事情が変わってくる。

本国への関わりをほとんど持たない北朝鮮系の在日2世の多くは、1世とは異なり「民族としては朝鮮に、社会としては日本に」帰属意識を持つようになり、徐々に本国への寄付金は減少し始める。そこで朝鮮総連は次なる一手として、1980年代後半から自らパチンコ店経営に乗り出すようになる。これを仕切ったのが当時総連中央本部財政局副局長だった韓光熙（ハン・グァンヒ）氏で『わが朝鮮総連の罪と罰』（2002年、文藝春秋）という著書において、その手法を詳細に記している。

「朝鮮総連はパチンコ事業に進出するにあたってまずは人材育成から入った。朝鮮大学校

※8　『朝鮮総聯』（朝鮮語）に「5項目の合意が成立した」との記述がある

の優秀な学生をひっぱって来て在日北朝鮮人のパチンコ店経営者などを専門家として招きセミナーで座学を行い、現地研修で実務を覚えさせて優秀な店長候補を次々と育てていった。その上でホールの立地については幹部自ら土地選定を行い、地価の安い郊外に用地を確保して、次々と全国に大型ホールを建設していった。」

非常に戦略的である。第1号として建設されたのは山形県新庄市のホールで、このホールはまだ名を変えて営業している。こうして在日2世の時代になるとパチンコ業界と北朝鮮の関係はより直接的になり、朝鮮総連がパチンコホールを運営し、脱税し、その利益が北朝鮮に送金される、という構図が出来上がったようだ。

このように1990年代初めまでは北朝鮮とパチンコ業界の関係は非常に深いもので、脱税を原資とする年間数百億円規模の資金が北朝鮮に渡っていた。しかし、前述の平沢勝栄議員の活躍もあり、現在では大きく環境が変化し、**パチンコ業界からの不正な資金流出の構図はだいぶ廃れてきている。**

まず第一に、万景峰号はもう日本に来ていないので確実な送金ルートがなくなっており、またパチンコの業界団体における朝鮮総連の影響力も警察によってすっかり削がれてしまった。『在日コリアン辞典』（2010年、国際高麗学会）によれば、かつて20万人規模であった朝鮮総連の組織規模も、北朝鮮の食糧危機、脱北者の急増、拉致問題、朝銀の破綻などの複合的な要因で4万人規模まで衰退しており、退潮が止まらないようだ。報道によれば現在の朝鮮総連の集金・送金力の衰えは激しく、2015年には北朝鮮建国70周年の儀式に合わせて1億円を工面するよう北朝鮮に指示された際、数千万円しか用意できなかったようである（※9）。今なお批判の対象となりがちなパチンコ業界と北朝鮮の関係だが、もはや過去の問題と言ってもいいのではないかと思う。

◉マルハンを創立した巨人・韓昌祐氏の不遇

せっかくパチンコ業界と北朝鮮の関係について論じてきたのだから、今度はパチンコと在日韓国人の関係についても考えてみようと思う。

先行きに問題山積みと言えど、パチンコホールは依然として総売上で20兆円規模、粗利ベース3兆円規模を誇る大業界である。

※9　https://www.sankei.com/politics/news/151005/plt1510050004-n1.html

先述の『在日コリアン辞典』によると、その7割の就業者は帰化者も含め在日朝鮮人で構成されているとしているが、近年では国際関係も反映して在日韓国人系資本のシェアが高まっている。実際、下記の『一般社団法人パチンコ・トラスティ・ボード』のデータを見ると、この業界の構図は売上1兆6788億円で1位を独走するマルハン、それに売上7404億円となんとか食らいつく2位ダイナム、その他のホールが後を追うという二強の構造が固まりつつある。マルハンもダイナムも在日韓国人系の企業で、その意味では現在パチンコ業界は在日韓国人によってリードされる業界になったと言ってもよいだろう。

ここでは、パチンコ業界でシェア7・7%

◎主力ホール企業データ（単位：千円）

売上ランキング高	企業名	売上高（＊ダイナムは貸し玉収入）	決算期	従業員数			事業所数	遊技機設置台数				低貸玉台数	
				合計	正社員	パート・アルバイト		パチンコ	パチスロ	総遊技台数	店舗平均台数	導入店舗数	導入台数
1	㈱マルハン	**1,678,800,000**	**2017.3**	12,422	5,050	7,372	**320**	140,679	75,359	216,038	675.1	317	66,916
2	㈱ダイナム	**740,406,000**	**2017.3**	**9,480**	**4,089**	**5,391**	**399**	**132,490**	**51,053**	**183,543**	**460.0**	**397**	**120,396**
3	㈱ガイア	299,159,000	2016.3	3,426	1,453	1,973	153	42,591	39,830	82,421	538.7	145	—
4	㈱延田エンタープライズ	278,325,000	2016.3	3,211	1,490	1,721	71	27,253	17,810	45,063	634.7	67	13,854
5	㈱タイラベストビート	252,306,000	2016.7	1,050	1,050	—	39	18,489	10,435	28,924	741.6	39	8,486
6	NEXUS㈱	248,646,811	2016.6	2,373	573	1,800	40	20,426	13,392	33,818	845.5	40	—
7	㈱一六商事	228,986,000	2015.12	1,740	540	1,200	57	22,577	12,218	34,795	610.4	55	—
8	浜友観光㈱	199,293,000	2015.12	1,336	418	918	27	10,926	7,643	18,569	687.7	27	—
9	㈱オザム	188,100,000	2016.3	3,461	526	2,935	45	15,500	8,216	23,716	527.0	33	3,369
10	㈱ ABC	185,251,000	2016.3	1,125	602	523	39	15,693	7,935	23,628	605.8	39	6,685
11	アンダーツリー㈱	178,684,000	2016.9	1,950	790	1,160	67	24,020	13,188	37,208	555.3	66	13,550
12	㈱善都	170,677,000	2016.12	825	386	439	23	11,730	7,433	19,163	833.2	22	—
13	㈱安田屋	165,100,000	2016.3	1,200	500	700	28	9,297	4,177	13,474	481.2	28	4,369
14	㈱ニラク	**143,900,000**	**2017.3**	**1,369**	**742**	**627**	**55**	**17,913**	**10,213**	**28,126**	**511.4**	56	—
15	㈱キング観光	141,783,415	2015.12	882	362	520	24	12,877	7,271	20,148	839.5	23	4,545
16	㈱ベガスベガス	138,268,000	2016.3	1,390	440	950	29	15,255	9,377	24,632	849.4	28	8,537
17	㈱合田観光商事	135,000,000	2016.12	1,060	600	460	38	12,703	7,250	19,953	525.1	38	—
18	㈱新和	129,286,649	2016.10	776	566	210	21	7,963	5,219	13,182	627.7	20	—
19	㈱平成観光	128,471,851	2016.3	882	317	565	18	10,274	5,687	15,961	886.7	18	2,947
20	㈲新日邦	126,302,063	2016.6	1,050	800	250	32	12,322	8,446	20,768	649.0	32	7,898
40	夢コーポレーション㈱	**65,630,000**	**2017.3**	**1,110**	**382**	**728**	**38**	**11,611**	**7,046**	**18,657**	**491.0**	**37**	**10,799**
51	㈱パラッツオ東京プラザ	**126,000,000**	**2017.3**	**1,109**	**486**	**623**	**38**	**12,349**	**9,872**	**22,221**	**584.8**	**37**	**9,325**
92	王蔵㈱	**43,000,000**	**2016.6**	**530**	**225**	**305**	**18**	4,832	4,037	8,869	492.7	—	—
110	㈱アメニティーズ	**29,900,000**	**2017.3**	**427**	**216**	**211**	**14**	**3,873**	**2,184**	**6,057**	**432.6**	—	—

※綜合ユニコム「パチンコ産業年鑑2017」より。太字は2017年３月末の数値。

＊㈱ダイナムは2013年3月期より国際財務報告基準に準じ、会計方針の変更（売上計上方法の変更）を実施。「決算書」には純額表示の「営業収入」143,162,000千円が掲載されていますが、ここでは他社と統一するため総額表示の「貸玉収入」を掲載しています。

弱を誇ると考えられる最大手マルハンの創業者である韓昌祐会長の生涯を通して、戦後パチンコ産業の発展の経緯と在日韓国人の果たした役割を考えていくこととしたい。

韓氏が日本に来たのは1947年、16歳の時だったようである。本人の著書『十六歳漂流難民から始まった2兆円企業』(2008年、出版文化社)によると、韓氏は韓国南部、現在で言うところの泗川《サチョン》市生まれだったが、終戦直後はあまりにも韓国の食糧事情が悪く、また日本在住経験のある兄に勧められたこともあり、16歳にして日本に単身渡航することにした、とのことである。この渡航がいわゆる「密航」だったことは本人も認めている。1947年はちょうど在日韓国人制度の基となる外国人登録令が制定された年だったので、もし彼の決断があと1年遅かったらそのまま韓国に送還されていた可能性が高く、マルハンという企業はこの世に存在しなかったことになる。なんとも数奇な運命である。

韓氏は幼い頃から成績が優秀だったこともあり、1948年には朝鮮奨学会の支援を得て法政大学に入学してマルクス経済学を学び始めるが、貧乏生活がたたって一時期結核で入院し生死の境を彷徨《さまよ》う。余談だがこの時生活保護の適用を受けて治療費が全額免除になった上、国立病院の治療を受けることができたとのことで、韓氏は「いつか日本社会に恩返しをしたい」と強く感じたそうである。

1953年に法政大学を卒業するも、当時は在日差別が激しく就職活動に失敗する。そこで義兄を頼って京都府峰山町（現・京丹後市）に移住しパチンコ屋の手伝いを始める。まさに戦後在日朝鮮人が置かれた「貧困と放浪」を体現する人生だが、これが韓氏とパチンコとの出会いとなる。当時、パチンコは正村ゲージの普及から続く連発式ブームだったのだが、1954年から1955年にかけて連発式の遊技機が禁じられると、一転して反動の大不況に陥ってしまう。その上、峰山町のライバル店が拡張したことで、義兄は半ばパチンコ店の経営を諦めかけたのだが、韓氏はそれを逆にチャンスと考え、義兄からパチンコ店『千波』を譲り受け、試行錯誤でなんとか経営再建に成功する。

パチンコ店の事業が軌道に乗ってくると韓氏は徐々に多角化に乗り出し、1957年に喫茶店『るーちぇ』を開業する。この『るーちぇ』は非常に評判が良い人気店になったようである。さらに1958年にはパチンコ店を拡張して移転して『峰山カジノ』と名付け、日本人女性と結婚するが、この結婚は在日韓国人と日本人の結婚ということで親族の反発が強く、新郎新婦を除く出席者はわずか8名だったようである。なお、**韓昌祐会長は今では日本国籍を取得している。**

他方、事業は順調で、1964年には喫茶店『るーちぇ』をレストラン『ルーチェ』として拡張して再オープンし、1965年にはパチンコホール2号店『豊岡カジノ』をオープンする。この時期は「チューリップ」に代表される「役物」と呼ばれる新機能がパチンコに普及して第2期パチンコブームが訪れていた。このブームは第1次ブームに比べれば比較的緩やかで長く続き、1963年から1970年にかけてパチンコ産業は緩やかに成長して業界の規模は3000億円から6000億円と倍になっている(※10)。

こうした安定した環境もあり事業はますます軌道に乗っていき、勢いに乗って3号店となる舞鶴店をオープンしようとするも、連日ヤクザが脅しに来たため這々《ほうほう》の体《てい》で逃げ帰るということもあったようである。この頃のパチンコ産業は暴力団が換金利権に食い込んでおり、暴力団との関係は切っても切れないものであった。

この経験があったことや、峰山青年会議所(JC)への入会が在日韓国人という理由で許されない、金融機関がパチンコ業にはお金を貸そうとしない、などといった不遇が重なり、在日とパチンコに対する差別を痛感した当時の韓氏はパチンコ業から徐々に離れることを考えるようになる。そして1967年にはブームに乗ってボウリング業に進出し、一定の

※10　市場規模のデータは『パチンコ産業史』p29より

成功を収め、1972年には満を持して静岡県に巨大ボウリング場『アピア』をオープンさせる。しかしながら、ボウリングブームが終焉すると、アピアは一転、閑古鳥が鳴く巨大な不良債権と化してしまう。

◉パチンコブームとマルハンの飛躍

こうして1975年には韓氏は約60億円の負債を抱え、自殺を考えるまで追い詰められることになるのだが、ここで原点に帰ってパチンコ業に再び力を入れるようになる。このことについて韓氏は『マルハンはなぜ、トップ企業になったか?――素人発想の「現場力」が強い組織を作る』(2006年、奥野倫充著/ビジネス社)で以下のように語っている。

「**パチンコ屋と吐き捨てられるように言われるのがいやで、ボウリングに眼を向けた。で、結局パチンコに戻る。借金を抱えてね**」

なんともやりきれなくなる言葉である。その後、パチンコ業に回帰した韓氏はボウリング場の一部をショッピングセンターに改装する、ボウリング場の駐車場にパチンコホールを作る、などあらゆる手を駆使してなんとか経営を持ちこたえさせた。**結果としてこれが**

現在主流の郊外型パチンコ店の魁《さきがけ》になり、徐々に経営が上向いてくるようになる。

そうして１９８０年になると、いよいよ〝フィーバー機〟が登場し大パチンコブームが訪れることになる。フィーバー機というのは、要は現在主流のパチンコ機の方式で、「７７７（スリーセブン）」が揃うと「大当たり」状態になり、簡単に入賞口に玉が入るようになる状態を一時的に作り出すことで、一度に数千個のパチンコ玉が獲得できるギャンブル性の高い機種である。もともとは壊れてチューリップが開きっぱなしになっているパチンコ遊技機を見ているうちに開発者が思いついたものだったらしいのだが、このフィーバー機はパチンコ業界のギャンブル性を飛躍的に向上させることになり、一気に日本中に広まった。俗に言う「第３期パチンコブーム」（１９８０〜１９８４年）であるが、この勢いは凄まじく、パチンコ産業の規模は１９８０年の１兆３６７８億円から、１９８４年には６兆４３３５億円にまで拡大し、４倍強の伸びを見せている。これはフィーバー機ブームとともに、この時期からパチンコに加えて、パチスロに関する制度が整い、パチンコホールのラインナップのバリエーションが増えた影響もある。

いずれにしろパチンコはこの時期劇的な市場成長を遂げた。警察としてもこうしたパチンコ産業の成長に応じて監督体制を見直さざるを得ず、１９８４年には風営法を大きく改正して、検定制度を創設して遊技機の性能監視体制を強めるなど、この時期は現在のパチンコに関する行政制度の基本が概ね整えられた時期でもあった。

こうした市場環境の劇的な改善や制度の安定化の影響で韓氏の経営する『西原産業』（マルハンの前身。韓氏の日本名が西原だったため）は一気に経営を持ち直し、負債も完済し、長期的な成長に向けての体制が整うことになる。西原産業は1988年に『マルハン』と社名を変更し、「パチンコ業はサービス業」という経営方針を掲げるようになる。この方針どおり、マルハンはホールでのサービスや、パチンコホールのエリアマネジメントに1990年台から2000年代にかけて変革を起こした。1992年から2006年にかけて、マルハンは32店舗から200店舗にまで拡大している。2018年現在のマルハンの店舗数は321店舗なので、当時の成長スピードが如何にすごいものだったかうかがい知れる。

なお、ネット上で『マルハン』という社名について、「日の丸に対する恨（韓国語で「ハン」）を忘れないように」という思いで名付けられたという噂が散見され、実際、私もホールなどで昔はよく聞いたのだが、本人の著作によると単に**「パチンコ玉が丸い」ということと、自分の名前「韓（ハン）」を組み合わせただけというのが真相のようである。**

このようにパチンコホールとしてはトップに君臨するようになったマルハンであるが、「パチンコ業を表立って言える職業にしたい」という強い意思に基づいて、「株式市場への上場を目指す」という方針を掲げている。ただ現実にはパチンコホールの営業には、換金をはじめとする法的グレーゾーンがいくつかあるので、日本市場での上場が認められていない。経営だけ考えれば別にマルハンが上場する必要などないわけだが、それ以上に「パチンコを世間に誇れるような産業にしたい」という韓氏を中心とする経営幹部のこだわりから、上場を目指す方針が掲げ続けられている。これは同じ在日韓国系のダイナムも同様である。

●パチンコ業界に期待した「ギャンブル依存症対策」

かくして立志伝中の在日起業家になったマルハンの韓会長であるが、足下ではマルハンの売上は2013年3月期から落ち込みが目立つようになり、この時期2・13兆円あった売上は2018年3月期には1・55兆円まで落ち込んでいる。

この原因については第3章で詳しく考えていくこととしたいが、やはり主因となるのはいわゆる「**パチンコのギャンブル化の進展**」であろう。パチンコ業界全体がギャンブル性を長期にわたって高めすぎた結果、パチンコが世間から受け入れられなくなり、ライト層が離れて遊技人口が大きく減少し、その上規制も強化されたことでギャンブル好きなコア層の客も減少する――という状況を招いてしまったと考えられる。

韓氏の著書にはギャンブル依存症問題に関する記述が見当たらず、この問題に対する意識の低さがうかがえる。もちろんマルハンもまったく依存症への対策をしていないわけではない。

実際、マルハンは、労働組合を通して電話相談窓口『リカバリーサポート』に50万円、依存症回復施設である『ワンデーポート』に200万円、計250万円の支援をしている(※11)。これを多いと考えるか、少ないと考えるかは読者の皆様が判断することだろうが、**問題の**

マルハンユニオン(労働組合)による依存問題対策への寄付

●2016年度寄付実績

相談機関	認定NPO法人 リカバリーサポート・ネットワーク	50万円
回復機関	認定NPO法人 ワンデーポート	200万円
合　計		250万円

計2件250万円を寄付しました。

※マルハンHPより作成

規模感からすればあまりにも少ないと感じるのが常識的な感覚であろうと私は思う。

パチンコ・トラスティ・ボードによれば、2016年のパチンコ業界の総売上は概ね21・6兆円と推計されている(※12)。仮にマルハンの支援額が業界の平均レベルであるとして、簡単に同年の相談施設や回復施設に対する業界の総支援額を計算すると、「250万円×(21・6兆円÷1・67兆円)≒3225万円」ということになる。もちろん「比較データの年度が1年ずれている」、「そもそもマルハンの支出額は業界平均を大幅に下回っている可能性がある」などこの数値は正確なものとは言えないが、売上ベースで21・6兆円の大業界が、自らの業界が生み出した問題に対して数千万円規模の対策をして、それで「我々は万全のパチンコ依存症対策をしている」などと言っているとしたら、その感覚は私には到底理解しがたいものであるし、おそらく読者の皆様にとっても同じかと思う。

いずれにしろ、**現在のパチンコ業界の中心は在日韓国人によって担われるようになっており、業界の今後は彼らの双肩にかかっていると言ってもいいだろう。**

※11　https://www.maruhan.co.jp/csr/pdf/%E4%BE%9D%E5%AD%98%E5%95%8F%E9%A1%8C%E3%81%A8%E3%81%AE%E9%96%A2%E3%82%8F%E3%82%8A.pdf
※12　一般社団法人パチンコ・トラスティ・ボード「パチンコ・パチスロ産業関連データ」平成29年10月

歴史を遡れば在日朝鮮人は日本社会において就業市場で差別を受け、その結果、職業選択の余地が極めて限られていた。そのような中、戦後急速に成長し参入も容易だったパチンコ業界は在日朝鮮人にとって貴重な生業《なりわい》となった。戦後パチンコブームが去ると日本人のパチンコオーナーの多くは他産業に転じたが、在日朝鮮人はそれでもこの業界に残らざるを得ず、少しずつ経営ノウハウを貯めこんでいった。こうしてパチンコ産業は在日産業としての性質を有するようになるが、パチンコ業界と北朝鮮との関係が国際的に問題視されるようになると、北朝鮮系の資本は警察の取り締まりで力を失っていき、在日韓国人がパチンコ業界の中核を担うようになった。

他方でパチンコホールは未だ上場ができないなど社会的地位が不安定であり、「株式上場」が在日韓国人系の大資本にとって社会的地位獲得に向けての悲願になっている。これは「在日朝鮮人」という彼ら自身のアイデンティティの確立にも深く関わっていると言えるだろう。

ただ、**そのためにどうしても釘や換金といったパチンコにまつわるグレーゾーンを解消していかなければならなくなる。**必然的にこれは業界にとって大改革とならざるを得ないのだが、こうした業界の抱える根本的な矛盾について第3章では考えていくこととしたい。

第3章

パチンコ業界の病理

～カジノ法案とギャンブル依存症

◉高井たかしVS河野太郎から見えたパチンコの立ち位置

2016年4月27日は、私にとって忘れがたい一日になった。おそらく、パチンコ業界の人にとっては、頭の痛い一日の始まりになったのだろうと思う。

その日、私は若干そわそわしながらパソコンの前で衆議院インターネット中継を眺めていた。というのも、この日はいわゆる**「不正釘」問題**について、衆議院内閣委員会で高井たかし議員(当時民進党、現立憲民主党)が、練りに練った国会質問をいよいよ警察組織のトップである河野太郎国家公安委員長(当時)にぶつける日だったからだ。結果的にこの不正釘問題に関する質疑はパチンコ業界に大きなインパクトを与えることになったのだが、以下長くなるが質疑を見ていこう(重要でない部分は一部省略する)。

○高井委員　岡山から参りました高井でございます。

~ギャンブル依存症対策の、実はギャンブル依存症の約八割がパチンコに起因をするということでありまして、先般、三月三日の日に私は質問主意書を出させていただきましたけれども、ちょっとそれに対する回答がなかなか十分ではなかったので、きょうはお時間をいただいて、ギャンブル依存症、特にパチンコの問題についてお聞かせをいただきたいと思います。

まず、厚生労働省の発表によりますと、ギャンブル依存症の疑いのある日本人は五百三十六万人もいる、そのうち八割がパチンコ依存症だというデータがございます。これだけパチンコ依存症が増加した背景には、一人当たりの消費額が大幅に増加している、つまりパチンコの射幸性が大きく影響しているのではないかと考えますが、パチンコの射幸性の向上とパチンコ依存症問題の深刻化、この関係について警察庁はどう考えておりますでしょうか。

○種谷政府参考人　お答えいたします。

パチンコ営業につきましては、営業の行われ方いかんによっては客の射幸心を著しくそそるおそれがあることから、風営適正化法において必要な規制が行われているところでございます。

御指摘のパチンコの射幸性と依存症との関係につきまして警察としてお答えする素材を持ち合わせておりませんけれども、いずれにせよ、パチンコへののめり込み問題への対策につきましては、その必要性、重要性を業界自体が理解をして積極的に推進することが重要であるというふうに考えておるところでございます。

業界団体では、パチンコに対し問題を抱える者からの電話相談を受ける機関として、リカバリーサポート・ネットワークを設立いたしまして、この取り組みが広く認知されるよう広報啓発活動を行うなど、各種対策に積極的に取り組んでいるものと承知しておるところでございます。〜

○高井委員　警察も、射幸性が高まらないようにということでパチンコのルールをつくっているわけです。

しかし、去年の、遊技産業健全化推進機構というところが実施をした遊技機性能調査の結果によりますと、全国百六十一店舗、二百五十八台を調査したうち、検定機と同じ性能の遊技機は一台も発見されなかったと。つまり、ルールを守っていた遊技機、パチンコ台は一台もなかったという結果が報告をされているんですが、この結果は、大臣、知っていましたでしょうか。

あわせて、この遊技くぎの傾きを不正に変更して射幸性を向上させるという改造がパチンコ業界に蔓延していた、市場に適法な遊技機はほとんど存在していなかったということを証明する調査結果だったのではないかと考えますが、大臣はどのように受けとめておられますか。

○河野国務大臣　この結果は極めて問題のあることだと思います。おっしゃいましたように、型式検定を受けた性能と全く違うものしかなかったというのはあってはならないことだと思いますので、これはゆゆしき問題だというふうに思っております。

関係団体が、早急にこれは全て回収をすると言っておりますので、警察としては、まずこれがきちんとやられるように監視をしていきますと同時に、機構がこれから抜き打ちで性能の調査をするということになっておりますので、違反がないように、そこはしっかり見てまいりたいと思います。

また、よもやないとは思いますが、万が一にも同じようなことがあった場合には、型式検定の取り消し、これはメーカーに対してでございます、あるいは、ホールに対しては、営業停止処分を含めた行政処分を実施することを含め、厳正に対処してまいりたいと思います。

○高井委員　予想以上に力強い御答弁をいただきまして、ありがとうございます。
これだけ不正改造が蔓延している現状においては、風営法に定める、著しく射幸心をそそるおそれのある遊技機の基準というのに違反して、高い射幸性のパチンコ遊技機が多数設置されている可能性が高いと思うんですね。

ただ、このような中で、業界の健全化のために警察の職員の皆さんが、日常の監視、取り締まりというのが大事だと思うんですけれども、この日常の取り締まりというのを、風営法に定める基準に適合しているかどうかということを確認する手段というのがあるんでしょうか。あと、警察の職員だけじゃなくてパチンコのユーザーの皆さんも、そのルールにのっとっているのかというのを確認できればよりいいと思うんですけれども、そういった方法は今あるんでしょうか。
○種谷政府参考人　お答えいたします。
風営適正化法は、同一型式の遊技機につきまして、同法に規定する技術上の規格に適合するか否かについて都道府県警察があらかじめ検定を行うという制度を設けておりまして、警察においては、検定の段階で技術上の規格に適合するか否かを確認することとなっております。

また、当該型式の遊技機が設置される場合においては、パチンコ営業者は都道府県警察の承認を受けなければならないということとなっておりまして、当該承認申請の段階で確認することができることとされております。

また、警察職員は、風営適正化法の規定により、パチンコ営業者の営業所に立入検査をすることができることとされております。

警察といたしましては、これらの権限を適切に行使するなどして、適正な遊技機による営業がなされるよう努めてきたところでございます。

なお、風営適正化法上、ユーザー、お客さんにおいてパチンコ遊技機が風営適正化法の規格に適合するか否かを確認することができるという制度はございませんけれども、著しく射幸性が高いと思われる遊技機に関して警察に通報等を行うようなことはできるわけでありまして、そのような場合には警察による対応を促すということになるわけでございます。そういったことは可能であるというふうに考えております。

○高井委員　今の御答弁ですと、検定を受けているから大丈夫なんだと。しかし、これは、検定を受けたものが実はその後改ざんされて納入されていたというのが多分あの調査の結果だと思いますし、また、警察の職員が立入検査できるということですが、立入検査したところで、その機械がちゃんとルール、出玉の比率が決まっているわけですけれども、その率にどうやって適合しているかというのは調べようがないんだろう。あと、ユーザーも、余りにも出ない、この機械はおかしいからといって通報するというんですけれども、なかなかそれも現実的ではないなと私は思います。

私は、ぜひ御提案申し上げたいのは、こういった業界ぐるみで改造が繰り返されるようなことを防止するためには、やはり業界だけに任せるのではなくて、第三者であるパチンコユーザーも含めてチェックする仕組みが必要だと思います。

現在のパチンコ遊技機は、私はこういう例えをするんです、スピードメーターのない自動車じゃないかと。つまり、スピード違反をしているかどうか、運転している、車に乗っている人はわからないんです、メーターがないんですね。つまり、出玉がどのくらい出るかというのをチェックしようがない台が今全て置かれている。これはやはりおかしいのではないか。

ですから、パチンコ遊技機についても、著しく射幸心をそそるおそれのある遊技機の基準という警察が決めている基準に違反しているかどうかを、パチンコユーザーであっても簡単に判別できるモニタリング装置、自動車でいえばスピードメーターですね、これをつけるべきじゃないか。

これはそんなにお金がかかるものではない、ある人に聞いたら一台五千円ぐらいでできるとも聞いていますので、こういう装置をぜひつけることを義務づける必要があるんじゃないかと考えますが、いかがでしょうか。

○種谷政府参考人　お答えいたします。

著しく射幸心をそそるおそれのある遊技機による営業がなされることのないように出玉を監視するための装置、委員おっしゃったところのスピードメーターに相当するようなものを導入することも、技術的には一つの方法ではあるというふうに考えられるところであります。～

○高井委員　大臣にお聞きしたいと思いますが、パチンコメーカーの業界団体である日工組というところがありますが、ここは、現在問題のある遊技機の自主回収を段階的に進めていくと。先ほど大臣は、早急にというか、かなり力強くおっしゃっていただいたんですが、段階的に。私、ちょっと雑誌とかをいろいろ読んだら、何か、何年かかけてというような表現をしている雑誌もありました。こういった方針だと。

しかし、不正に改造された、射幸性が高くなった遊技機が市場に大量に出回っているということがこの調査によって明らかになったわけでありますから、警察としては、業界のこうした取り組み、段階的にというような対応を黙認するということであれば、これはパチンコ依存症問題を放置、拡大することにつながるとも考えるんですけれども、大臣の見解はいかがでしょうか。

○河野国務大臣　違法な機械が大量に出回っていたわけでございますから、かなりの量があるというふうに承知をしておりますので、一遍にというわけにはいきませんが、これは最大限速やかに撤去するというのは当然のことだと思いますので、団体にもきちんとそれはやらせるように指導してまいりたいと思っておりますし、今後は、まず、機構にきちんと抜き打ちでチェックをしていただいて、違反があれば、先ほど申し上げましたように、メーカーに対しては型式検定の取り消し、ホールに対しては営業停止を含む行政処分を科すという警察の意思を明確に出していきたいというふうに思っております。

と長々と引用したものの、この質問の意味合いについて直ちに理解することはなかなか困難だと思うので、少しずつ説明していくことにしたい。

◉不正釘問題に横たわる複雑な背景

この質問から遡ること10か月、2015年6月から8月にかけて、全国のパチンコホールで「遊技産業健全化推進機構」という業界団体が、パチンコ遊技機の「釘曲げ」と呼ばれる不正改造に関する実態調査を実施した(※13)。高井議員も指摘しているように、この調査の結果はなかなか衝撃的なもので、**同機構はこの間に161店舗258台の遊技機の検査をしたのだが、結果としてこのうち合法な機械は1台もなかった。**

※13　https://www.pachinkovillage.com/news/?p=37161

一応、我が国は法治国家であるから、この時点で「日本中のパチンコは違法機」というような形で大問題となってもおかしくなかったのだが、この「不正改造問題」(通称「不正釘問題)は複雑な背景がある業界ぐるみの不正であったことから物事はそう簡単に進まなかった。少し詳しく説明しよう。第1章でも述べたように、遊技機メーカーが新しい遊技機を開発して、パチンコホールで稼働するまでは以下のようなステップを踏む。

①保安通信協会での試験

メーカーは、新たな機種を作ると、その機種の射幸性について、風営法に基づき定められた「技術上の規格」に適合しているかどうか、保安通信協会(保通協)に遊技機の性能を試験してもらう

②都道府県公安委員会での検定

新機種が保通協の試験に適合した場合、メーカーは各都道府県で「検定」手続きを申請する。この検定手続きは通常形式的なもので、試験に合格していれば問題なく通過する。この検定期間は有限で3年とされる

③メーカーでの大量生産

無事新たな機種の型式の検定が得られた場合、メーカーはその機種の遊技機の大量生

産を始める

④パチンコホールでの検定機の設置承認

パチンコホールは遊技機を購入し、メーカーからそれぞれの遊技機が検定を通過した型式の遊技機と性能が同一であることを証明する書類を添付して、都道府県警察に新しい遊技機（「検定機」と呼ぶ）を設置することを「承認」してもらう手続きを取る

このようなステップを踏む理由は、警察がギャンブル性を十分に確認した遊技機しかパチンコホールに置かせないようにするためである。逆に言えば③④の段階で、メーカーやホールがなんらかの手段で遊技機を改造して、保通協での試験や都道府県公安委員会が検定で認めた性能と異なる遊技機をユーザーに打たせた場合、それは「不正改造」と扱われ罰則の対象となる。

ここで重要なことは、パチンコ遊技機において「釘」というのは性能を左右する重要な部品であるということだ。単純化すればパチンコは「玉を釘に当てて穴に入れる」というゲームである。当然、釘の角度を変えれば、どの穴にどの頻度で玉が入るかも変わり、性能が変わることになる。したがって、少なくとも建前としては、パチンコ遊技機は検定を取得

した状態から釘の角度を変えてはいけないということになっており、これに違反すると営業許可の取り消しや、営業の停止に加えて刑事罰まであり得る違法行為とされている。

ただし、これはあくまでも建前である。**実際は「釘師」という職業があるくらいに、パチンコ遊技機の釘の角度調整（釘曲げ）はホールにおいて日常的に行われている。**ホールは、釘曲げによって台ごとの仕様をコントロールし、客好みの仕様に改造するとともに、利益調整をしている。わかりやすく言えば、同じ機種でも1000円で25回以上回るホールと、1000円で10回も回らないホールが出てくる――つまり、**パチンコホールの経営は「釘曲げ」という違法行為が前提で設計されているのだ。**にもかかわらず、警察もよほど悪質な場合を除いて取り締まってこなかった。

こうした事情を承知しているパチンコメーカーもまた、釘曲げという違法行為を前提に遊技機を作ってきた。パチンコメーカーは保通協の試験を受ける時は、試験を通過するためだけにギャンブル性があまり高まらないように釘の角度を調整した特殊仕様の機械を作ってきた。そして都道府県公安委員会に対する検定の申請もこの釘の仕様で行い、検定を取得する。これを**「検定釘」**という。そしていざパチンコホールに出荷する時には、釘の角度をホール向けに調整し直してギャンブル性を上げて出荷する。これを**「出荷釘」**という。

さらにパチンコホールはこの出荷釘を前提に釘を調整し、**「営業釘」**と呼ばれる状態に調整し直す、ということが日常化していた。**ひと昔前は「新台入れ替え」と言えば、「確実に勝てる」ぐらいの期待感があったのはそのためだ。**実際、導入初日から3日目くらいまではよく回るのだが、1週間もすれば渋くなる。ご経験の方も多いだろう。

前述の2015年の調査によって判明した「調査した全国すべての機種の台が不正改造された違法機だった」という現象の背景には、このような「パチンコメーカーが不正に検定を通過し、検定通過後に釘の角度を変えた不正な遊技機を出荷し、パチンコホールがさらにそこから日々釘を打って性能を改変し、利益調整する」というパチンコ業界全体の順法意識の欠如があった。

繰り返しになるが、本来は釘曲げは違法行為だ。ホールであれば前述のとおり営業許可の取り消しや刑事罰まであり得る。

◉釘曲げで大当たりを誘発した『ダービー物語』

他方、パチンコメーカーに関しても、釘曲げをして検定の状態と異なる性能で遊技機を出荷した場合は「検定取り消し」と呼ばれる処分が下されることになっている。ある機種が検定と性能が異なる状況で出荷されていたことが判明し、この「検定の取り消し」処分が下されてしまうと、当然、その機種を販売することはできなくなり、悪質な場合は5年間、新たな機種の検定を取得することもできなくなる。これは一見、メーカーにとっては重い処分となるように見えるのだが、残念ながら、子会社に手続きさせてしまえば親会社にまで罰則が適用されない抜け穴だらけの規定になっている。おまけにメーカーが出荷したままの状態の機械は残っていることも少ないので、「証拠が取られにくい」という問題もあり、メーカーにかかる規制は実のところゆるく、また、処罰もされにくい立場にある。このあたりは、第1章でも述べたことだが、パチンコメーカーが本来、警察庁の管理下にないが故の制度の歪みであろう。また、警察の立場としても、ホールの事情を知った上で「警察も業界をコントロールするための手法として釘曲げを利用している」という事情もある。その代表的な事案としては1993年の**「ダービー物語事件」**がある。

平和からリリースされた『ダービー物語』は、大当たり後の保留玉で大当たりを引き戻すことで人気を得ていた。しかし、これはあらかじめプログラムされた正規のゲーム性ではなく、大当たり中にVゾーンに連続して玉が入賞することで強制的に保留内を大当たりに書き換える——というある種、システムエラーで連続大当たりを誘発するものだった。ただし、連続してVゾーンに入賞させるには、ホールが意図的に釘曲げをして、玉の流れを誘導する必要があった。

繰り返しになるが、そもそもホールの経営は大なり小なり「釘曲げ」が前提で成り立っていることは否めない。かつては店が日々の客の顔色や財布事情をうかがいながら釘を調整し、客もまた釘を見てその台の性能を予測する、という形がパチンコ屋の店長にとっても客にとっても腕の見せどころという時代もあった。しかしながら１９８０年代に入ってフィーバー機が登場して、入賞口が①大当たりの抽選とは関係ない「一般入賞口」と、②大当たり抽選のスターターとなる盤面の中央に配置される「始動口」に分かれると、釘曲げがエスカレートした。一般入賞口への玉入りを減らして、始動口への玉入りを増やすと、パチンコ遊技機は玉の増減の波が荒くなり、ギャンブル性が高くなるからだ。

爆発力の高さで絶大なる人気を得た『ダービー物語』だが、この機種は「現金機」だった。前述のとおり、この時期は警察庁がちょうどプリペイドカード方式の「ＣＲ機」の導入を図っていた時期だったので、人気の現金機は警察庁にとって目の上のタンコブだった。そこで警察は、この『ダービー物語』について「メーカーが釘曲げを前提にプログラムを不正に仕込んで、ホールは釘曲げで性能を改変している」として摘発。平和本社や平和の工場に家宅捜索が入り、最終的には平和社員とパチンコ店の店長らが逮捕されるという事態にまで発展した。その一方で、CR機には連チャン機能を正式に認めたので、結果として、現金機は一気に廃れてCR機が普及することになり、警察の思惑どおりに物事が運んだ。ちなみに『ダービー物語』事件による5人の逮捕者は、のちに全員釈放され、誰も有罪とはなっていない。まさに〝見せしめ〟である。もちろん釘曲げを違法とせざるを得ないほどに極端な性能改変をしたのはパチンコ業界の側なのだが、「釘曲げ」の摘発を裁量的に行うことで業界をコントロールしようという警察の態度もまた問題であろう。

このように「不正釘」問題の背後にある構造は非常に複雑である。釘曲げを利用してギャンブル性を高めようとするホール、緩い規制と守られた立場でギャンブル性の高い機種を作ろうとするメーカー、釘曲げを裁量的に取り締まることで業界をコントロールしようとする警察、そしてその前提には、高いギャンブル性を求めるユーザーがいる。

パチンコ業界では法律はあれど、その法律どおりに制度が運用されることはない。**法律の建前を背景に、警察庁、そしてその背後にいる政治家が裁量的に権力を行使して、行政指導の名の下に、密室でごく一部の政治家と役人と業界団体がすべてを決めるような前近**

代的な体制が続いている。

そしてこの体制を維持するための人事システムとして警察ＯＢの天下りネットワークが張り巡らされている。このような体質はとても健全とは言えないだろう。

◉不正釘問題の顛末のその裏

時系列が入り乱れて、話がややこしくなってしまったが、不正釘問題の顛末を語ろう。結論から言えば、全国すべてのパチンコホール、パチンコメーカーが違法行為をしていたことが明らかになったにもかかわらず、結局99・9％以上のホールは無罪放免に終わり、パチンコメーカーに至っては1社も罰せられることはなかった。さすがパチンコ業界である。

とは言え、冒頭に紹介した国会答弁で「違法な機械が大量に出回っている」という認識を明らかにし(※14)、「一遍にというわけにはいきませんが、これは最大限速やかに撤去するというのは当然のこと」「団体にもきちんとそれはやらせるように指導してまいりたい」

※14　https://pachinko-nippo.com/?p=26663

という啖呵を切った河野大臣も何もしなかったわけではない。

この河野大臣の答弁は決してブラフではなかった。その答弁から1か月経った2016年5月30日、パチンコ業界を所管する警察庁生活安全局保安課は、前述の日工組の他に、「全日本遊技事業協同組合連合会(全日遊連)」、「日本遊技関連事業協会(日遊協)」の3団体を呼び出した。全日遊連はパチンコホールの、日遊協は業界横断的な業界団体である。警察庁はこの場で業界に対して、①不正機の撤去は2016年内に改良するように、②撤去の対象となる遊技機種のリストを6月中に提出するように、と強力に要請した。

パチンコ業界としては、この要請に抵抗する術《すべ》はなく、2016年6月23日には撤去を要する不正改造機種のリストが日工組から提出され(※15)、6月29日には全日遊連から全国のホールに対して8月末までに対象遊技機を撤去するように通知が出された(※16)。パチンコホールとしてもこの指導に従わなければ、営業停止になるリスクがあるために従わざるを得ず、この3か月の間に80万台近いパチンコ遊技機がパチンコホールの店頭から撤去されることになった(※17)。当時、全国のパチンコ遊技機の総設置台数は300万台と言われていたため、全遊技機の概ね25%強が撤去の対象になったことになる。金額で換算すれば、だいたいパチンコ遊技機は1台約40万~50万円なので、少なく見積もっても40万円×80万台で業界にはおおよそ200億円規模の損害が生じたと言える。

当初、パチンコ業界はこの「不正釘問題」を、パチンコメーカーの業界団体である日工組が中心となって、実質的にパチンコ業界に経済的なダメージがない自主規制を敷くことでソフトランディングさせようとしていた。その方法は、警察庁の了承を得た上で、業界団体が指導して「2〜3年かけて通常のパチンコホールの遊技機の入れ替えの周期に合わせて不正機を徐々に回収していく」というものだった(※18)。警察庁としても釘曲げ不正はそれまで長年にわたって黙認していたこともあり、自らの責任もあったことからこれに同調しようとして2015年12月の段階で一度そのような方針で業界と合意した。高井議員はこうした業界・警察の姿勢を「パチンコ依存症問題を放置、拡大することになりかねない」と批判したわけだが、河野大臣も行動を以てそれなりに回答を示したわけである。

※15　http://jyavit.minibird.jp/tekkyolist-ihen
※16　http://jyavit.minibird.jp/tekkyo-kigen
※17　http://yossy-slopachi.com/2016/06/25/%E3%80%90%E7%B4%84473%E4%B8%87%E5%8F%B0%E3%80%91%E3%83%91%E3%83%81%E3%83%B3%E3%82%B3%E3%80%8C%E6%92%A4%E5%8E%BB%E3%83%AA%E3%82%B9%E3%83%88%E3%80%8D%E7%AC%AC3%E6%AC%A1%E3%81%BE%E3%81%A7%E3%81%AE/
※18　http://www.tochigi-yukyo.com/members/download/goisho_20170930.pdf

また高井議員は国会質疑において、ネガティブに業界の不正を非難するのみではなく、今後の不正再発防止策として「パチンコ遊技機についても、著しく射幸心をそそるおそれのある遊技機の基準という警察が決めている基準に違反しているかどうかを、パチンコユーザーであっても簡単に判別できるモニタリング装置、自動車でいえばスピードメーターですね、これをつけるべきじゃないか」と提案していたのだが、これもしばらく後に「役物比率モニタリングシステム」として、まずはパチスロ、続いてパチンコに導入されることとなった(※19)。日本の政策形成プロセスにおいて、野党議員の提案が直接に政策に反映されるというのは稀で、画期的なことと言ってもよいだろう。

このような不正釘問題を巡る一連の動きは、パチンコ行政のあり方を変える大きなきっかけになり得るものだった。それまでのパチンコ行政は、警察庁と業界団体が国民の目の及ばぬ「裏のクローズド」な場で互いに恩を売りあって貸し借りを作り、その関係性をベースに駆け引きしながら進められるものだった。しかしながら、国会という「表のオープン」な場での議論がパチンコ行政を多少なりとも動かしたという意味で、高井議員と河野大臣のやりとりは非常に画期的で、今後のモデルになるようなものであったと思う。

ただ、ここで考えなければいけないのは「**そもそもなぜ警察は突然釘曲げの摘発を始め**

たのか」ということであろう。ダービー物語事件の時のように、警察が大々的に釘の取り締まりを始める時にはなんらかの政治的意図がある。原理原則の立場に立てば「そもそも規制をこのように政治的・裁量的に行使すること自体いかがなものか」と思うのだが、ここでは現実は現実として受け止めて、警察の意図を探ってみよう。

◉パチンコの取り締まりと「カジノ法案」

警察のこうした釘の取り締まりの背後で、いわゆる〝カジノ解禁〟に関する動きがあったことはほぼ間違いないだろう。我が国におけるカジノ解禁は、２０１６年にプログラム法であるいわゆる「ＩＲ推進法（特定複合観光施設区域の整備の推進に関する法律）」が成立したことで大枠が決まり、詳細については、２０１８年にいわゆる「ＩＲ整備法（特定複合観光施設区域整備法、ＩＲ実施法とも）」が成立して制度が整った状況にあり、概ね２０２５年頃に第1号のカジノが開業する見込みである。

※19　https://www.p-world.co.jp/news2/article.cgi?No=9984

ここから遡って考えてみよう。カジノの解禁を進めるとなると2015年時点で、当然「日本にはパチンコという脱法ギャンブルがあるのに、さらにギャンブルを増やすのか」という批判が来ることが予測されたであろう。

実際、カジノに関する質疑ではギャンブル依存症対策に焦点が当たり、その中で一番焦点となったのは**ギャンブル依存症の8割を占めるパチンコの依存症対策だった**。警察としてもこうした政治状況の中で、おそらく政権中枢から2015年のうちにパチンコのギャンブル性を下げるように指示があったと思われる。

さらに遡ると、2014年の衆議院議員選挙では自民党の公約に「広域観光の推進や免税店の拡大、休暇・休祝祭日の機能的な活用、IRの推進等による観光産業の活性化を通じ、国内消費の拡大を図ります」というそれまでの選挙ではなかったカジノ解禁に向けての文言が入り(※20)、IR推進法は2015年3月に超党派の「国際観光産業振興議員連盟(IR議連)」の了承を得て、4月に自民・維新・次世代の党の3党から衆議院に提出されている(※21)。

そして警察庁の小柳保安課長(当時)が業界団体を集めて遊技産業健全化推進機構の調査を通知したのが5月18日、調査が始まったのが2015年6月のことだった。改めて主要事項の時系列をまとめると以下のとおりになる。

・２０１４年12月14日：衆議院議員総選挙でカジノ解禁が公約になる
・２０１５年３月30日：ＩＲ議連でＩＲ推進法案を了承される
・２０１５年４月28日：ＩＲ推進法案が衆議院に提出される
・２０１５年５月18日：警察庁が業界団体の幹部に釘曲げの調査を実施することを発表
・２０１５年６月～８月：遊技産業健全化推進機構が調査を実施
・２０１５年９月：機構の調査によって調査の対象になったほぼ全体が違法機であること が判明
・２０１５年９月27日：第１８９通常国会会期末。ＩＲ推進法案は継続審議が議決
・２０１５年12月25日：業界６団体が警察庁の内諾を得て、ギャンブル性の高い機種を緩やかなペースで撤去することを発表。一度問題はおさまる
・２０１６年１月４日：第１９０通常国会召集
・２０１６年４月27日：衆議院内閣委員会において高井たかし議員と河野太郎大臣との質

※20 https://www.jimin.jp/policy/manifest/
※21 http://casino-ir-japan.com/?p=1780

疑
・2016年5月30日：警察庁、業界団体を招集し、問題機種を年内に撤去するように要請
・2016年6月1日：第190通常国会会期末
・2016年9月26日：臨時国会召集
・2016年11月30日：IR推進法案審議入り
・2016年12月15日：IR推進法成立

このように見ると、IR推進法案成立に向けての背後で不正釘問題の対策が動いていたことがよくわかる。なお、首相官邸でIRおよびギャンブル依存症関係の会議を一貫して担当した杉田和博内閣官房副長官は警察庁のOBである。今になって振り返ると、もしかして一連の不正釘問題はすべて彼が掌《てのひら》の上で関係者を踊らせていた話なのかもしれない。

◉パチンコは本当に「遊技」なのか？

パチンコが実態としてギャンブルなのは言うまでもない。

日本語でギャンブルにあたる「賭博」の定義については、政府は2016年11月25日に緒

方林太郎議員の質問に「偶然の勝負に関し財物の得喪を争うことをいう」と答えた（※22）。ここで、「得喪（とくそう）」という聞きなれない言葉が出たが、これは「得ることと失うこと」という意味に過ぎないので、要は「お金や品物を偶然の勝負の勝ち負けで得たり失ったりすること」という程度の意味ということになる。この定義に当てはめると、パチンコは、たとえ換金がなかったとしても、ギャンブルという定義に当てはまることになると考えるのが普通の感覚であろう。なお風営法に出てくる「射幸心」という言葉の意味については「偶然に財産的利益を得ようとする欲心」と答えている。

しかしながら制度上は、パチンコはギャンブルではなく「遊技」ということになっている。このパチンコの実態と制度のねじれた関係がなぜ起きるのか、我が国の賭博法制との関係から考えてみよう。まず大前提として日本では刑法によって原則として賭博＝ギャンブルは禁じられている。条文を見てみよう。

（賭博）

第185条　賭博をした者は、五十万円以下の罰金又は科料に処する。ただし、一時の

※22　『カジノＩＲジャパン』　ＩＲゲーミング法制度　第37回「刑法の賭博罪とＩＲ〜違法性阻却要件を十分に完備」（改訂版）

娯楽に供する物を賭けたにとどまるときは、この限りでない。

（常習賭博及び賭博場開張等図利）

第186条　常習として賭博をした者は、三年以下の懲役に処する。

2　賭博場を開張し、又は博徒を結合して利益を図った者は、三月以上五年以下の懲役に処する。

第185条は、賭博行為そのものに対する罰則、第186条は1項において常習賭博者、2項において賭博の主催者、いわゆる胴元に対する罰則を定めている。つまり我が国では、ギャンブルをすることも、ギャンブル場を開くことも犯罪になる。しかしながら、我が国にはパチンコを除いても多種多様な公営ギャンブルがあるわけで、「なぜ賭博は禁じられているのに競馬や競輪や競艇などの公営ギャンブルは許されるのか？」という疑問が当然にして生まれる。

制度面から言えば、公営ギャンブルは、特別な法律（競馬法や自転車競技法）により公的枠組みで運営されているもので、こうした法律により運営されているギャンブルについては刑法35条の「法令又は正当な業務による行為は、罰しない」という条文が適用され、先程挙げた刑法の条文の適用を免除されることになっている。

ただ、それだけの答えでは「理屈になっていない。なぜ官なら良くて、民ではダメなのか」と突っ込まれてしまうので、法務省は公営ギャンブルが刑法の適用を免れる理由……これ

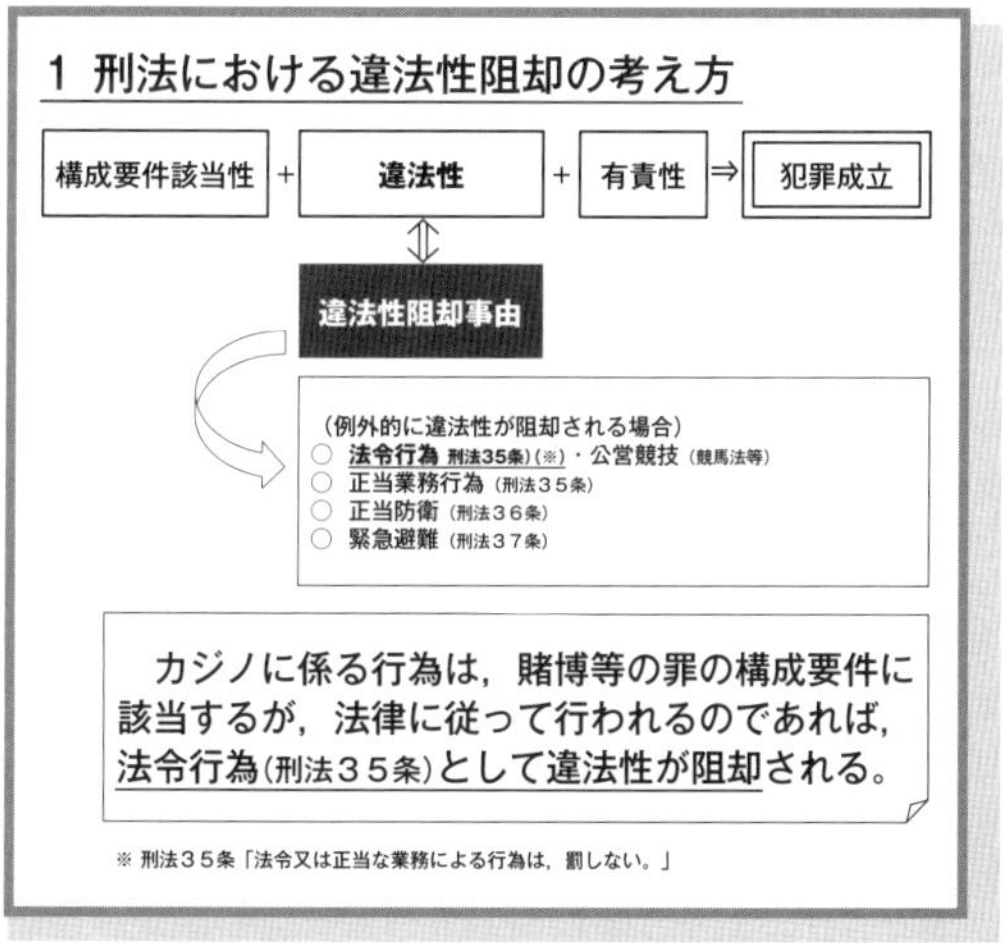

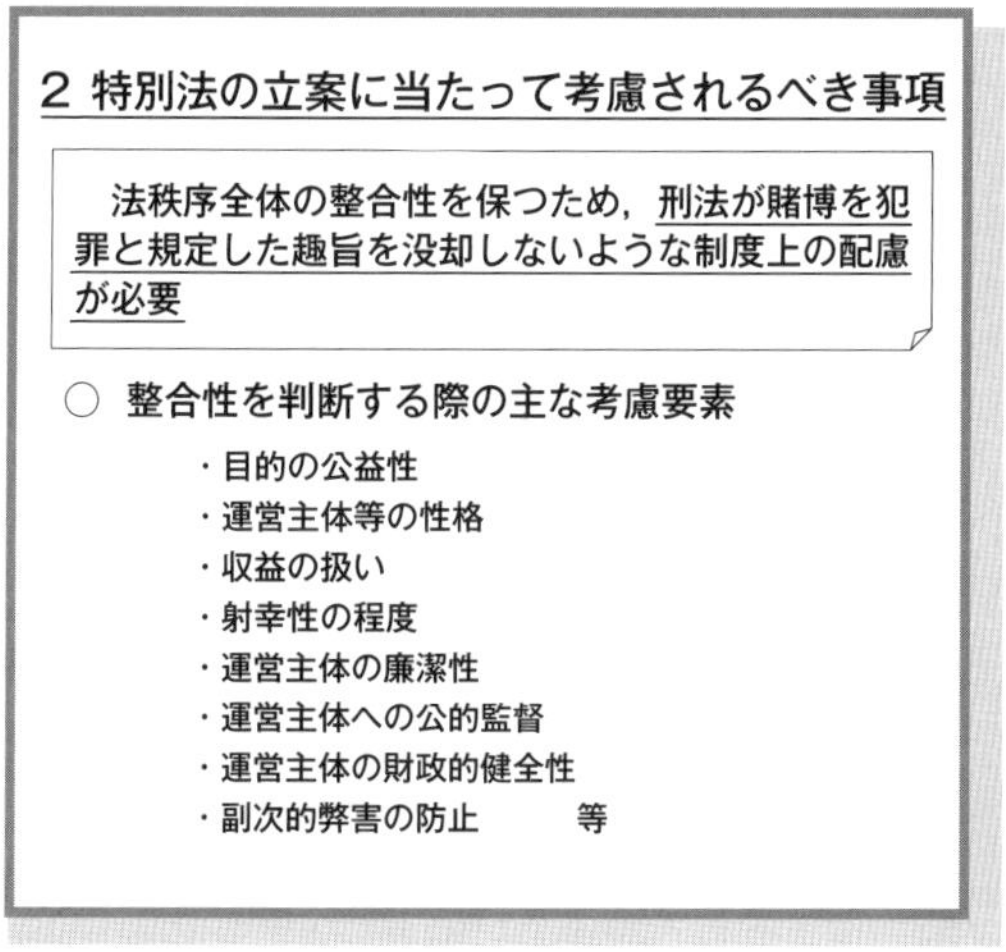

※23 https://www.kantei.go.jp/jp/singi/ir_promotion/ir_kaigi/dai8/siryou2_1.pdf

を「違法性阻却要件」というが……について2017年7月に官邸に提出した資料で、定性的な観点からいくつかの要素に分けて説明している(前頁※23)。

具体的には「①目的の公益性、②運営主体等の性格、③収益の扱い、④射幸性の程度、⑤運営主体の廉潔性、⑥運営主体への公的監督、⑦運営主体の財政的健全性、⑧副次的弊害の防止」といった8つの観点を中心に、個別の事業ごとに検討して違法性が阻却されるかどうか＝刑法35条を適用するに値するかどうか、を判断するとしている。このような説明を受けてもなお依然として釈然としないのだが、例えば競馬を取り上げると以下のような説明がなされることになる。

・目的の公益性：競馬の目的については競馬法において、「馬の改良増殖その他畜産の振興に寄与するとともに、地方財政の改善を図るために行う」としている

・運営主体について：競馬の運営主体については日本中央競馬会（ＪＲＡ）と地方自治体に限られている。なおＪＲＡは農水省の傘下団体で、事実上農水省の一部と見なしてもよい存在である

・収益の扱いや射幸性の程度：競馬は、法律により払戻率や馬券が農水省によって監督される仕組みになっている。収益についても、その相当部分が国か地方自治体の収入にな

り、また、その他畜産等の振興にも直接に使われる

・副次的弊害の防止：競馬は、中央省庁や都道府県によって監督されており、副次的被害についても、議会等の民主的な枠組みで監視され、対策が施される仕組みになっている（これについては空理空論になっているのだが……）

同じような文脈で競輪は機械の改良や地方財政の健全化に、競艇は船舶の改良や海難事故防止に制度的に貢献するように設計されている。

このように公営ギャンブルは、単に「政府の収入を増やす」「雇用を生む」といった一般的な意味だけではなく、それぞれの競技に関連する業界の発展や問題解決に特別な文脈で貢献する枠組みが担保された上で運営されている。

翻ってパチンコはどうかというと、純粋な民間事業であるし、ましてや、脱税上位業種ですらあり（※24）、これとは程遠い。２０１５年の国税庁の発表によると、パチンコ業界

※24　https://www.yugitsushin.jp/news/jiken/%E5%9B%BD%E7%A8%8E%E5%BA%81%E3%81%8C%E6%B3%95%E4%BA%BA%E7%A8%8E%E7%AD%89%E3%81%AE%E8%AA%BF%E6%9F%BB%E4%BA%8B%E7%B8%BE%E3%80%80%E8%84%B1%E7%A8%8E%E6%A5%AD%E7%A8%AE%E3%81%AE%E3%82%A4%E3%83%A1%E3%83%BC/

の不正発見割合は29・6％で、これはバー・クラブの57・1％についで2位である。

このような状況の中で、パチンコ業界を表立って「ギャンブル」と認めてしまうと、国は公営ギャンブルとの関係や賭博法制の体系から説明がつかなくなってしまう。

他方で、今さらパチンコを即時禁止することは困難（かつては本当に禁止しようとしたこともあった）なことも事実である。そこで国としては、ある種の脱法行為であるパチンコを「三店方式」に代表される一定の制限の下で暗黙に認め、刑法185条の但し書きにある「一時の娯楽に供する物を賭けたにとどまるときは、この限りでない。」という条文を適用して、「パチンコに関してはギャンブル的な性質もあるが、『一時の娯楽に供するものを賭けたにとどま』っている限りはこれを取り締まらない」という、グレーな状態のまま業界を管理してきた。

警察としても、パチンコ業界をギャンブルとして取り締まって潰すことは、経済面、雇用面、政治面、あらゆる意味において難しいし、また、天下りを受け入れてくれる貴重な業界でもある。一方で、パチンコ業界にとっては、自分たちの法的位置付けをグレーにしておくことで外部からの参入がしにくい状況が作れるため、パチンコの法的位置付けをグレーにしておくことは官民双方にとって利益があったのである。

　こうしてパチンコに関しては「実態的にギャンブルであるが、制度上は遊技にする」という方針の下で長年にわたりある種の均衡が保たれていたのだが、**こうした均衡は２０１８年に前述のとおりＩＲ整備法が成立したことで崩れつつある。**

　ＩＲ整備法の枠組みでは、公営ギャンブルとは違い、カジノは都道府県議会の了承を得た上で民間事業として運営されることになっている。つまりカジノは民営ギャンブルという意味において我が国のギャンブル制度上まったく新しい存在である。ただ、民間とはいえ刑法で原則禁じられているギャンブルを生業にするということで、カジノ事業者は通常の法人税に加えて収益の一部を国庫に納付することが義務付けられており、さらに観光振興への寄与も求められている。

　こうなると、都道府県議会の了承も得ず、また一般の税金しか払わず、特別な文脈で公的な問題の解決に寄与するわけでもなく、その上、脱税が多いパチンコ業界を、一定の制限があるとはいえ、**民間ギャンブルとしてこれ以上放置しておくことは「法の下の平等」の観点から制度上説明が困難になってきている。**しばしばパチンコ業界においては、現状のグレーな制度を脱して「パチンコ業法」を制定することを望む声が上がることがあるが、このまま業界の体質が変わらないのならば、今後、業界が望むよりもはるかに厳しい方向でパチンコ業法構想が現実化する可能性は高いだろう。

◉ギャンブル依存症支援者とパチンコ業界

本章後の対談にご登場いただく田中紀子さんは、日本におけるギャンブル依存症に関わる「インタベンショニスト(Interventionist)」(※25)の先駆者であり、この領域のオピニオンリーダーでもある。「インタベンショニスト」という言葉を聞きなれず意味がわからない人も多いと思うが、単純に日本語に訳すと「介入者」ということになる。ギャンブルにしろ薬物にしろアルコールにしろ、誰かに重度の依存症が発症してしまった場合、依存症に罹患している当事者自身や家族の力では、もはや当事者の生活パターンを修正することは困難になってしまう……つまり、破滅的なギャンブル行動を止められなくなってしまう。かといってこれを放置するとしばしば状況がますます悪化していき、ギャンブル起因の借金が増え、家族がその借金の処理に巻き込まれ、家族関係が崩壊し、副次的に貧困、児童虐待などの問題を生み、当事者、家族の生活があらゆる面で崩壊していってしまう。

当事者や家族に任せていたままでは袋小路に陥ってしまうこのような状況を改善に向か

わせるために、**外部から家族や友人の人間関係に「介入(Intervention)」し、依存症の当事者に回復プログラムに参画するように動機づける専門家としての第三者の存在が必要となる。**これこそが「インタベンショニスト」である。

田中さんは自身がギャンブル依存症・買い物依存症からの回復者でもあり、その経験を生かして、日本に「12ステップ」と呼ばれる依存症からの回復手法を広めた先駆者となった。今でも日々日本全国のギャンブル依存症に関わる問題を抱える家庭へ介入し、数々の当事者・家族をサポートし、またいくつかのギャンブル依存症からの回復施設をプロデュースし、さらにはギャンブル依存症の予防教育などに取り組んでいらっしゃる。ロビイング活動にも積極的で、**2018年7月に成立した「ギャンブル等依存症対策基本法」は田中さんがいなければ決して生まれなかったであろう。逆に言えばパチンコ業界からは煙たがられている存在でもある。**

私と田中紀子さんとの関係性が始まったのは2014年5月のことだった。田中さんがたまたまネット番組で私を見かけて、興味を持ってメールをしてくださったことがきっか

※25　https://en.wikipedia.org/wiki/Intervention_(counseling)/

けである。当時、田中さんは『ギャンブル依存症問題を考える会』という団体を立ち上げたばかりだったのだが、会の趣旨を説明していただき、ボランティアベースでの活動協力を要請された。特に田中さんが問題意識を持っていたのが、パチンコ産業との向き合い方だった(※26)。

これは理のあることで、2017年度に政府が行った調査(※27)では、無作為に抽出された4685人のうち、

・32人(0・8%)に直近1年以内のギャンブル依存症の兆候が見られ、そのうち81・25%の26名はパチンコ・パチスロに最もお金を使い、

・生涯期間ならば158人にギャンブル依存

平成29年度全国調査の概要(SOGS(※1)に関する調査)

		平成29年度 全国調査	(参考) 平成25年度 全国調査
研究実施主体	日本医療研究開発機構(AMED)(久里浜医療センターに委託して実施。研究代表者:松下幸生 副院長)		厚生労働科学研究 研究代表者:樋口進(久里浜医療センター院長)
調査方法	面接調査		自記式のアンケート調査
対象者の選択方法	全国の住民基本台帳より無作為に抽出		全国の住民基本台帳より無作為に抽出
調査対象者数	10,000名		7,052名
回答者数	4,685名(回答率46.9%)		4,153名(回答率58.9%)
ギャンブル等依存症が疑われる者(SOGS(※1)5点以上、過去1年以内)	推計値	0.8%(0.5~1.1%)(※2)(32名/4,685名)(※3)	調査していない
	(内訳)(※4)パチンコ・パチスロに最もお金を使った者	0.7%(0.4~0.9%)(26名/4,685名)	
ギャンブル等依存症が疑われる者(SOGS(※1)5点以上、生涯)	推計値	3.6%(3.1~4.2%)(158名/4,685名)	4.8%(4.2~5.5%)(※2)
	(内訳)(※5)パチンコ・パチスロに最もお金を使った者	2.9%(2.4~3.4%)(123名/4,685名)	調査していない

(※1) SOGS(The South Oaks Gambling Screen)は、世界的に最も多く用いられているギャンブル依存の簡易スクリーニングテストである。12項目(20点満点)の質問中、その回答から算出した点数が5点以上の場合にギャンブル等依存症の疑いありとされる。(※2) 数値は年齢調整後の値。() 内は95%信頼区間:同一の標本調査を100回行った場合、そのうち95回で推計値がこの範囲内となる区間。(※3) () 内は実数。(※4) 過去1年以内に最もお金を使ったギャンブル等の種別に関する内訳。(※5) 生涯を通じて最もお金を使ったギャンブル等の種別に関する内訳。

※「国内のギャンブル等依存に関する疫学調査」より

症の兆候が見られ、そのうち約77・8％の123名はパチンコ・パチスロに最もお金を使っていた

ことが判明している。日本の成人人口は概ね1億人程度なので、現在進行形でギャンブル依存症が発症しているのが80万人強、過去に重症だった人も含めれば360万人強のギャンブル依存症が存在し、その8割がパチンコが主因と推計されていることになる。これを考えると、田中さんの問題意識は当然のことであったと言える。

私は、この田中さんからの協力要請をふたつ返事で引き受けた。私は長年のパチンコユーザーで、ギャンブル依存症に関してもある程度、当事者としての感覚を持っているつもりで対策の必要性は感じていたし、また当時はパチンコ業界に関して「あんなに技術的に高度で面白い遊技機を作れるんだから、勘所を押さえて話せばすぐにわかってギャンブル依存症対策に積極的になってくれるだろう」と問題を軽く見ていたからだ。

ただ、これは結果から見れば大きな間違いであった。当時、私や田中さんやギャンブル

※26「ギャンブル依存症問題を考える会」https://scga.jp/
※27 http://www.kurihama-med.jp/news/20171004_tyousa.pdf
※28 田中紀子氏のブログ「何故私がパチンコ業界に失望しているかです」

依存症の支援に携わる人々がパチンコ業界に何をお願いしたかというと、ギャンブル依存症回復施設の運営に対する数百万円単位の、業界の規模からすればささやかな補助だった（前頁※28）。私たちとしては言い方が悪いが、「ある意味こちらはパチンコ業界の尻拭いをしているのだから、説明すればこの程度の支援は応じてくれるだろう」と思っていた。

しかし、現実はまったく逆で門前払いにあい、さらには業界人から「乞食」「風評を撒き散らすな」「電波野郎」などと罵詈雑言を浴びせられることになった。このことについては田中さんがブログに記事を残しているので、やや長くなるが一部抜粋して引用したい。

何故私がパチンコ業界に失望しているかです

公開日：2017/03/06

私は、２０１４年にギャンブル依存症問題を考える会を立ち上げてから、パチンコ業界と関わるようになり、業界の依存症対策に対する淡い期待がことごとく裏切られたことから、今では失望しか感じていないのですが、今日は、その辺の経緯を書きたいと思います。

私は現在ギャンブル依存症問題を考える会で団体の代表をやっておりますが、それとは別に「極力、家族負担の少ない回復施設を作りたい」ということを、悲願に思っておりました。

２０１５年2月に現在のグレイスロードが、協力してくれることとなり、私のコンセプトを受け入れた、回復施設を山梨県で開設してくれることになりました。私は、経営にはノータッチですが、家族のパイプ役など、少しでも苦しむご家族の役に立てるようにと、関わらせて貰っております。現在では、長崎でも協力者が現れ「グラフ長崎」という回復施設が立ち上がっております。

グレイスロードを始めた際に、「なるべく綺麗で、センスの良い癒しのインテリアで・・・」など、私から様々な注文をつけたり、全くのゼロからの開始でしたので、車の購入費等、開設には５００万円以上のお金がかかり、ご家族の皆様方や、キリスト教会の皆様方、山梨県の地元の方々、依存症に関わる援助職やドクターの皆様がたなど、沢山のご支援を仰ぎ、やっと開設にこぎつけることができました。今でも、代表の佐々木からは「やせ細る思いだった・・・」と言われます。

けれどもわずか半年で、入寮者がいっぱいとなり、やっと開設した物件だけでは、キャパシティーオーバーになってしまいました。わずか半年では、もう私もすっからかんですし、寄付金も集まりません。でも入寮者を断るわけにはいかない・・・と、どうしようか悩んでいました。

そこで考えたのが、「遊技協会に寄付をお願いしよう!」ということでした。というのも、その少し前に、業界14団体で構成するパチンコ・パチスロ産業21世紀会が、朝日新聞と産経新聞の大手新聞2社の朝刊に全面広告を掲載したんです。

全面広告には『パチンコ・パチスロは適度に楽しむ遊びです』の大見出しと共に、依存(のめり込み)問題対応ガイドラインを制定していることや、リカバリーサポートの運営支援に協力していることが掲載され、実に「安心娯楽宣言」と銘打たれていたのです。

その年、私たちは3人のパチンコ依存による自殺者を出しました。つらく悲しい経験でしたが、この広告を見た時には、「パチンコも変わろうとしているんだ・・・」と、素直に信じ、希望を見いだしておりました。

ですから、「依存症回復施設の増設費用およそ200万円がどうしても負担できないので、14団体で36万円ずつ献金して頂けないでしょうか?」とお手紙を差し上げたのです。これまでも回復施設開設に関わる際には、教会関係や、企業、個人など様々な所に、お手紙で協力を仰いで参りましたし、他にはニュースレターなどでもお願い致しております。その結果多くの方々にご協力頂いて参りました。

ところがこの手紙に、パチンコ業界から激怒されたのです。ある議員の仲介で、業界の方にもお目にかかりましたが、何故か最初から喧嘩腰でしたし、様々な所から聞いた話によると「金目当て」とか、ここには書けないようなひどい侮蔑の言葉がありました。

この時、ハッキリと確信しました。あの「安全安心宣言」の新聞全面広告はブラフに過ぎない。自分たちのイメージアップに、何千万もかけて依存症を利用しただけで、真剣にパチンコ依存症対策を考えてなどいないのだ・・・と。「なんて人達だ・・・」と、この時大きく失望しました。

パチンコの営業に関する全面広告なら分かります。また、パチンコ店に余裕がなく、寄付金が無理な話であるとか、もしくは単純に寄付金に協力したくない・・・というのなら、100歩譲って理解もします。（それでもご自分たちに責任の一端はあるのでは？と思っておりますが）

でも、あの気色ばみ方や、ものの捉え方は、私には理解しがたいものでした。パチンコ依存で、多くの方々が苦しんでいる。それをこれまで助けようと、全く関係ない一般の方々がお金を寄付して下さり、我々も採算度外視で、やっている最中、業界14団体に36万円合計約200万円の寄付をお願いすることが、そんなにも叱られなくてはならない、非常識

な行動でしたでしょうか？（以下略）

以上、読んでいただいたとおりであるが、若干補足したい。まずこの文中に出てくる「ある議員の仲介で会った業界の方」というのは、私としても積極的にパチンコ業界と揉めるつもりはないので名前は挙げることは避けることとするが、決していち業界人というレベルにとどまらない、パチンコ業界の中核にいる大物中の大物である。

パチンコ業界としても「我々はすでにギャンブル依存症対策を進めている」という言い分があるのかもしれない。それではパチンコ業界が進めている依存症対策というものがどのようなものか、ということについて簡単に見てみよう。たしかにパチンコ業界はギャンブル依存症対策に関して何もやっていないわけではなく、業界として「依存（のめり込み）問題対応ガイドライン」（※29）を制定して、それに基づいた取り組みを進めている。このガイドラインでは以下のようなことを定めている。

①初心者に対してパチンコの適度な遊び方を案内する
②ユーザーに対して遊技機の仕様などに対する説明を丁寧にする
③ユーザーに対してギャンブル依存症の自己診断を勧める

④パチンコ業界が運営する「リカバリーサポート・ネットワーク」というパチンコ依存症に関する電話相談窓口の存在を案内する
⑤「パチンコ・パチスロは適度に楽しむ遊びです。のめり込みに注意しましょう」という業界標語を各種メディアや拡販物を通して広める
⑥子供の車内放置が起きないように積極的に注意喚起する

このような取り組みに意味がないとは決して言わないが、見ていただければわかるように、挙げられた対策はいずれも消極的なものにとどまっており、パチンコ業界としては回復施設の運営などの形で積極的に身銭を切ってまでギャンブル依存症対策に取り組もうという意思が弱いことがわかる。

こうして、2015年の前半には、私と田中さんは**「パチンコ業界と対話しても、ギャンブル依存症に関する支援は得られず、むしろ罵倒すらされる」**ということを学び、業界との交渉にあたって、いわゆる「対話路線」を当面放棄し、「対立路線」に舵を切り替えることにした。その路線転換の結果が、本章の冒頭に挙げた2016年4月27日衆議院内閣委

※29　http://www.tochigi-yukyo.com/members/download/izon_guideline_kai.pdf

員会での高井たかし議員の国会質問につながることになる。正確には、あの質問は私とギャンブル依存症問題を考える会の田中紀子代表で素案を作り、その後、高井議員と私でさらにブラッシュアップして作り上げたものである。このチームによる連携は今でも続いているし、高井議員には定期的にギャンブル依存症、パチンコに関する問題を国会で取り上げてもらっている。

こんなことを書いてしまうと、パチンコ業界の人たちから恨みを買ってしまうかもしれないのだが、ただ私とて積極的に望んでパチンコ業界を糾弾しようとしたわけではなく、そこに至るまでにさまざまな経緯があったことはご理解いただきたいところである。

なお、現在は田中さんが代表を務める『ギャンブル依存症問題を考える会』は多くの方の支援を得て、この分野で唯一の公益社団法人にまで発展しているが、「ギャンブル業界から直接支援を受けるとギャンブル業界に都合が悪いことは言えなくなってしまう」という利益相反の観点から、ギャンブル業界からの直接の寄付はすべて断る方針を取っている。当時は活動を進めるにあたっての利益相反の重要性を理解しておらず、またギャンブル業界から直接の支援を受けていたら、活動の幅が広がらず、また、おそらく公益法人の資格も取れなかったので、パチンコ業界に支援を断られたことが結果的にはプラスに働いたと言えるのかもしれない。

それでは、次のページからは田中紀子代表との対談をご覧いただきたい。パチンコ業界の後ろ向きな姿勢がより鮮明に伝わることだろう。

パチンコ業界と依存症対策

パチンコ業界が目指すべきは
ギャンブル依存症対策に真正面から取り組んで
誰もが楽しめる、そして胸を張って働ける
〝グレー産業〟から〝ホワイト産業〟へと
脱皮することではないでしょうか。
さまざまな依存症に苦しむ方と
向き合うために、国内のみ
ならず世界中を飛び回る
田中紀子代表に、その取り組みと
提言について語っていただきました。

田中紀子×宇佐美典也

（『ギャンブル依存症問題を考える会』代表）

父と祖父と夫、そして自分が依存症とは気づいていなかった

宇佐美　まずは読者への自己紹介ではないですけど、田中さんのバックボーンを説明しておいたほうがいいと思います。田中さんの活動について、「パチンコをなくそうとしている」など、いろいろと誤解されている方も多いと思うので。

田中　そうですね。私はギャンブル一族の中で生まれ育っていて、父親は会社のお金を横領してまでギャンブルをやって会社をクビになったんです。母もそんな父に見切りをつけて、ひとり娘の私を連れて実家に出戻ったんですけど、実家のおじいちゃんもパチンコ依存症だったので、あまり状況は変わらなかったんです（苦笑）。もちろん、当時は父やおじいちゃんが依存症だとはわからなかったんですけど、まぁ、貧乏でしたよね。今で言えば貧困で問題になるような家庭で育ちました。

宇佐美　かなり壮絶な幼児体験ですよね。

田中　なので、「絶対に親のようにはなりたくない」と。絶対にお金持ちと結婚して、人生の勝ち組になってやる、と思っていたんですね。今の夫と知り合った時、すごく優しいし、働き者だし、いい学校も出ていて、なんか幸せになれるんじゃないかって。

宇佐美　でも、その旦那さんもギャンブル依存症だった、と。

田中　当時は「ギャンブル依存症」という言葉も知らなかったし、ギャンブルのために借金すること自体が問題だともわかっていなかったんです。たしかにギャンブル好きな旦那の借金がありましたけど、私もギャンブルにはまっていた当事者で「ちゃんと返して、生活が回っていればいいんじゃないの」って思っていました。むしろ「借金は人生のビタミンだ」って言っていたんですよ。借金を返すために一生懸命、働ける。どんなにつまらない仕事でも、借金があるからこそ、こんなにも一生懸命できる。そう自分に言い聞かせてきた。それが120万円ぐらいもらっていた私のボーナスが、すべて借金返済で消えた時に「むなしい……」と感じ始め、さらに子どもができたあとにも夫の大きな借金が出てきて、すごく怖くなって「私たちちって普通じゃないのかもしれない」と、そこで初めて思うようになったんです。

宇佐美　完全に感覚が麻痺していたんでしょうね。

田中　子どもができるまでは、それこそトリプルワークまでして、なんとかお金を回してきたんですけど、子どもができたら、そんなに馬車馬のようには働けない。自分のブランド品もすべて売り払ったし、保険まで解約して夫の借金の尻拭いをしてきたんですけど、さすがに力尽きました。そこで初めて「ギャンブル依存症」というものを知って、まさに夫がそうだとわかって、夫も一時それでギャンブルが止まったんです。ただそうなると今度は私のほうが生活の張り合いがなくなってしまい、その状況を受け入れることができなくて、喪失感を埋めるように買い物依存症になってしまったんです。当時、問題は夫だと思っていたんですけど、私の側も「ギャンブル」や「ギャンブル依存症の夫」に依存していたんですね。

宇佐美　あぁ、違う依存症に……。「共依存」というやつですね。

田中　ギャンブル依存症の家族の自助グループに参加すると、みんな「夫のギャンブルが止まって楽になった」って言うんですよ。雰囲気も明るくてこれからは自分と子どものために蓄えを作っていこう、みたいな話をするんです。自助グループってすごく暗いイメージがあると思うんですけど、皆さん本当に前を向いているんですね。最初に参加した時「お料理教室みたい」と感じたくらいに、世間のイメージとはまったく違う。でも、その中で私だけは買い物依存が止まらなくなって辛かったですね。4年間、買い物が止まらなかったんですよ。当時、子どもが幼稚園に通っていたんですけど、その月謝すら払えなくなってしまった。月に6000円程度だったんですけど、それでも払えなかった。一方でお金がある時は買い物に1日に30万円とか使っちゃって。ひどい時には10分間で150万円も使ってしまう。その一方で子どもの6000円の月謝が払えない。あぁ、私は本当にバカだし、もう死ぬしかないって思ってましたね、その4年間は。

全否定されてしまったら、ますますギャンブルにのめり込んでしまう

宇佐美　それでも買い物依存症をしっかりと克服したんですよね？

田中　その頃、アルコール依存症の人たちのセミナーに行ったんですけど、その中のひとりの方が「酒が止まってからのほうがずっと苦しかった。シラフになったら、何を頼りに生きていけばいいのかわからなくなった」と。「あっ、この人、私と一緒だ」って思ったんですね。私も生活からギャンブルがなくなったら、何を頼りに生きていったらいいのかわからなくなった。それで、その方に助けを求めて「この自助グループのプログラムをきちんとやるから教えてください」って言って取り組みました。それで回復できたんですよ。4年間もかかりましたけど。宇佐美さんも学生時代にはかなりパチスロをされていたんでしょ？

宇佐美　パチスロの台を買って、それを部屋に置いて研究してましたから相当はまっていましたね。それでも当時は収支がプラスで儲かっていたので依存とは考えていませんでしたね。「おれパチスロにハマりす

ぎて、ちょっとヤバいかも」程度で。でもやっぱり今振り返れば依存症で、東京大学4年生の時経産省の内定が出た後に「単位をぴったり取って、あとはパチスロどっぷりやろう」という計画を立ててたんですよ。そしたら1単位足りなくなって、留年することになってしまった。全官庁で、内定を取ったあとにパチスロを打ちすぎて留年なんてしたのは僕だけでしたからね。本当に恥ずかしくて穴があったら入りたかったですよ(苦笑)。どこかでギャンブルと社会生活のバランスが崩れていたんですね。

田中 うちの夫もまったく同じなんですよ。あと1単位……英語の試験を受けてさえいれば卒業だったのに、ギャンブルに行っちゃって卒業を棒に振るんです。大手企業から内定をもらっていたのに、それも取り消しになった。

宇佐美 ほぼ一緒ですね(苦笑)。ただ、僕の場合、経産省の度量が広くて、なんとか入省を認めてもらえて助かりました。そこはもう感謝しかないですね。結局半年後に一単位とって卒業するんですけど、後輩に笑われて、本当に恥ずかしかったですね。

田中 それって大きなことだと思います。経産省は受け入れてくれたわけですよね？そこで全否定されていたら、そこからの現実逃避が必要になって、ますますギャンブルにのめり込んでいく……ギャンブル依存症の方が家族や仲間にいても、説教するだ

けじゃダメなんですよ。いくら「お前はだらしない」なんて人格否定をしても、再起なんてしませんから。人格を否定して叱咤激励することで立ち直る、というのは日本人特有の考え方なんですよね。海外では社会として依存症への理解が進んでいて「それはあなたの人格の問題ではなく、病気なんだよ」というところから入る。逆に日本ではまだ依存症への理解があまりないから、周りもパニックになっちゃって、論理もなく道徳と自己責任論でなんとかなると思っちゃうんですよね。

宇佐美　そうですね。経産省に内定を取り消されていたら、僕はどうなっていたんでしょうかね。とりあえず逃げるようにパチプロを目指したのかもしれません。実際、儲けていたわけだし、周りにもパチプロ仲間はたくさんいたので。

田中　みんな、最初は言うんですよ、「勝ってる」って（苦笑）。宇佐美さんにも依存症の兆候はあったと思いますよ。

宇佐美　私もそう思いますね。大学４年生の一時期は生活の最優先がギャンブルになってましたからね。

田中さんの真摯な行動が「ギャンブル等依存症対策基本法案」のきっかけに

宇佐美　田中さんは、実際にギャンブルをやっていた時期があり、さらに買い物依存症を経験して、それらを克服してきた。その過程を知ってもらうと、現在の活動の真意がしっかり伝わると思うんです。何も知らない人が、きれいごとでやっているわけじゃないんですよね。次は田中さんが今に至る活動を始めた経緯について聞かせてください。

田中　ありがとうございます。2014年あたりにカジノの話が出てきて、その当時「ギャンブル依存症の推計人数536万人」と言われていた。この数値が本当ならばそれだけでもすごい人数ですけど、周りに巻きこまれている家族がいることを考えると、

平均3人家族と少なく推測しても、150
0万人ぐらいが苦しんでいることになる。
それって人口の1割じゃないですか⁉「こ
れはもう自助グループだけでひっそりやっ
ていても解決しない」と思って、だったら
私が顔出し、実名で旗を振るから、みんな
応援してよって取り組み始めたのがこの活
動のきっかけですね。その時にギャンブル
依存のことについてネットで調査していた
ら、宇佐美さんが司会をされていた動画が
出てきて「この番組、ギャンブル依存のこと、
全然わかってない！」と連絡したのが、一
緒にやっていくきっかけでしたよね。ただ
始めは宇佐美さんも腰が引けていたみたい
で会うことも断られてしまいましたけどね
（笑）。

宇佐美　そこは勘弁してください。なんせ
怖かったもので……初めてお会いする時も
ギャンブル依存症に暗いイメージを持って
いたので、「ものすごく暗くて、ネガティ
ブで、負のオーラを放った人がやってくる
のかな」と思っていました（笑）。でも、す
ごく陽のオーラでひたすら前向きに田中さ
んが語ってくれたから、一緒にやっていけ
るかなって。

田中　おかげですごく助かりました。宇佐
美さんがいなかったら、ここまで政治にく
い込んでいって法律を作るきっかけになる
なんて、絶対にできなかったので。

宇佐美　昨年、「ギャンブル等依存症対策

基本法」が成立したんですけど、これは田中さんの働きかけがなかったら、そういう流れにはならなかったと思うんですよ。カジノ推進法案が成立する時に、付帯決議でパチンコや既存の公営ギャンブルも含めてギャンブル依存症対策をきちんとやっていこう、ということになったのは、田中さんの活動の影響も大きいと思いますね。

田中　最初、政治家の先生方を集めて、フォーラムをやったんですけど、その時に宇佐美さんたちがプレスリリースの作り方から、ぶら下がりの記者会見の開き方まで、すべて教えてくれて。与野党問わず議員の方々に「これはギャンブル反対運動じゃない」ということをわかってもらえたので、あのフォーラムがすごく大きかった！

宇佐美　あの時カジノ業界から「話し合えばわかり合える人たち」と思ってもらったのは大きかったですね。一方のパチンコ業界の人たちは話も聞かずに無条件で敵視してきましたからね。「パチンコを世の中から消そうとしている」と思われていましたね。

田中　そんなことまったく思ってないし、ギャンブルを楽しむ気持ちやわくわく感は誰よりもわかってますから(笑)。それに依存症者のために、それ以外の9割以上の方々から楽しみを取り上げるべきだとは思っていません。パチンコに大きな経済効果があることももちろん認めています。ただ、日本には依存症対策という文化がなかったから、どうしても反対運動と混同されてしまう。それが私たちにとって最大のネックだったんですけど、あのフォーラムで与野党どちらも賛成できる、ということで政治家の先生たちに味方ができた。「反対運動じゃない」とわかってもらえたんですけど、ただパチンコ業界は別でしたね。

予想以上に厳しかったパチンコ業界からの反応

宇佐美　詳しい経緯は、第3章に当時の田中さんのブログをそのまま転載しているので、読者の方には読んでいただいていると思いますが、話し合おうと思って行っても、最初から（ホール関係者に）ケンカ腰で来られたら、こっちもケンカ腰にならざるを得ないですよね。

田中　こんなに話が通じないとは思いませんでした。例えば、アルコール依存症の問題で私たちのような市民団体が酒造メーカーを刑事告発した時には、「どこが問題でしょうか？　ぜひ教えてください」とすっ飛んで来られた、と伺っています。そして実際に依存症対策部門ができた大手メーカーもあるんですよ。パチンコ業界も当然、そうなると思っていたんですけど……。

宇佐美　勝手に敵視されて、警戒されているから話し合いの場も全然、持てなくて。

田中　そうでしたね。それでも一度パチン

コチェーンの経営者の方々と話をする機会を取りもってくださった方がいらしたんですが、その時は一方的に非難、糾弾されましたからね。その辺りから宇佐美さんが「話し合いの余地はなさそうだから、方針転換して国会で戦うしかないのではないか」とおっしゃったことから、議員の協力を得て国会質問や質問主意書の機会を利用するようになりましたね。

宇佐美　戦うとなったら出るとこ出て相手のいちばん嫌なところを攻めるしかないですからね。そのためにも議員にギャンブル依存症に関する理解を深めてもらう努力はたくさんしましたよね。

田中　当時「ギャンブル依存症は本人の問

題で、何かあっても自己責任だ」と考えている議員がまだ多かったんですよね。そこでギャンブル依存症が原因で社会的な問題や事件が起きているんだ、ということを広めようという活動をしました。ギャンブル依存症は自己責任論では解決はできない、経済事件や、ひどい時には殺人事件にまで発展していることを世の中がわかっていなかったんです。そこで過去のギャンブルを起因とする事件の記事を徹底的に調べ上げて、それを事件簿としてまとめて、国会議員の先生方に配ったんですよね。

宇佐美　あれで「ギャンブル依存症は個人の問題ではなく、社会の問題なんだ」と気づいてくれた議員は多かったですね。

田中　あとは細かいことですけど、国会質問がきっかけで家族給付の窓口の運用が変わったことも大きかったですね。例えば児童手当は世帯の年収がいちばん高い人に振り込まれていたんですけど、ギャンブル依存症の方だと、それすらすぐにギャンブルに使ってしまうという問題があった。だから、ギャンブル依存症の家庭の場合、「特殊な事情」と認めてもらって、児童手当を奥さんの口座に振り込むことはできないか、とずっと思っていた。この問題に関して医師でもある参議院議員の薬師寺みちよ先生に委員会で質問していただいて、国会の場で「大丈夫です」と厚労省から言質《げんち》が取れた。それまでは地方の市役所に直談判しても「そんなことはできない」と言われていましたが、「国会でこういうふうに言われてます！」と議事録を示すことで風穴が開きました。

宇佐美　協力してくださった国会議員の先生方としても怖かったはずなんですよ。パチンコ業界にケンカを売るということは、そのうしろにいる警察にケンカを売るような感じになってしまうわけですから。

田中　だから、議員先生が質問をする時には、「後ろには我々がいるんだ！」ということをちゃんと言って差し上げないと、すごく申し訳ないと思ったし、それを言うことで私たちもちょっと身の危険を感じたりもしましたけど……。

宇佐美　でも、手応えというか、少しずつ風向きは変わってきていますよね。

田中　言葉だけ見ると語弊があるかもしれませんが、皮肉なことにカジノ合法化の議論は私たちにとって「追い風」になりましたよね。カジノの是非に関して議論が盛り上がることで、それまでは見て見ぬ振りをされてきたギャンブル依存症に関する問題に焦点が当たり、アンタッチャブルだったパチンコやパチスロの話を政治家もメディアも口にできるようになった。それまではテレビなどのメディアでは、広告を出してもらっている関係からか「ギャンブル依存症に関しては取り上げられない」と言われてきましたから。

宇佐美　大前提として「パチンコはギャン

ブルではない」という考え方が当時の主流でしたからね。

田中　それがカジノ法案で流れが変わって「パチンコ＝実質ギャンブル」ということで政治家もマスコミも言及してくれるようになりました。

日本の独特の文化として誇りと思える産業に！

宇佐美　今ではパチンコ業界も自分たちが実質的にギャンブル産業であることを認めて、ギャンブル依存症対策を進めています。ただやってることが見当違いで、例えば、今、ホールではどこに行っても「パチンコ・パチ

スロは適度に遊ぶものです」と掲示をしているんですけど、そもそも「適度ってなんですか？」と。それを具体的にして、ユーザーのギャンブル依存症に関するリテラシーを上げていかないと、何も変わらない。昔の田中さんのように借金してギャンブルしても「適度」と思っている人もいるわけです。それに二言目には「相談窓口としてリカバリーサポートセンターを運営しています」と言うけれど、そんな電話相談だけでは、到底、問題は解決できないのは明白じゃないですか!?　それでも業界は「ギャンブル依存症対策は十分にしています」と言うから、こちらとしても「今やっていることは効果がないし、もっとやるべきことがあるし、何を言ってるんだろう」と怒らざるを得ないんですよね。

田中　電話相談を否定する気はありませんが、電話相談が行動変容にそれほどつながらないということもまた、もう明らかになっているんですよね。電話相談の次を考えてほしいんですよ。ギャンブル依存症の気質として、大きく負けた時には「もう止めよう」と思うんですよ。その時にリカバリーサポートセンターに電話をかける人もいるんだろうと思います。でも、電話をした翌日には気が変わって、自分が止められなくてギャンブルやっちゃうんですよね。そういう病気なんですから。だから、電話相談の後、実際に自助グループに足を運ばせるとか、病院に行って回復プログラムを受けさせるというところまでフォローしないと問題は解決に向かいません。それにね、他の依存症……アルコールとか薬物の場合、政府が特定のひとつの団体を業界がサポートしなさい、なんていう指導をすることなんて絶対にあり得ません。むしろ「いろいろな団体と連携して対策を進めなさい」と、管轄官庁は指導するんですよ。業界の中で完結していたのでは不十分ですよってね。それが警察庁だけはリカバリーサポート、リカバリーサポートの一点張り。家族会や自助グループと連携していかないと問題解決にはならないし、それを強く呼びかけてもらわないと！

宇佐美　だから「利権」なんですよね。パチンコ業界に関してはもう警察は監督者じゃなくて、プレイヤーになってしまっているんです。一応、リカバリーサポートも業界が自主的に作ったことになっているけど、実質、警察が作らせたようなものですからね。

田中　別に私たちは「主導権を握らせろ」だとか、「仕切らせろ」だとか思ってないんです。私たちだけじゃ、全然対策が行き届かないことはわかってますからね。もちろんリカバリーサポートだけでも絶対に行き届かない。むしろ必要なのはさまざまな団体が連携して、それぞれの地域でギャンブル依存症対策に取り組む枠組みを作ることです。私たちは電話相談を受けたあとに、そこで終わらせるのではなく、全国どこであっても「お会いして話をしましょうか？」というところまで取り組んでいます。その上で地元の行政やＮＰＯと回復に向かう道筋を考えてサポートする。それでも助けられないこともあるのに、電話相談だけで完結しようなんて、厳しく言えば絵空事でしょう。だからこそ、業界自体にもリカバリーサポートにも、警察庁にもさまざまな人の協力があって依存症対策ができると謙虚な姿勢を見せてほしいんです。実際、そうじゃないですか。みんなパチンコ業界の負の部分を助けてきているんですよ。しかも日本のギャンブル依存症の８割はパチンコ依存症なんですから。

宇佐美　本当にそのとおりだと思います。そういう意味で、政治的な視点から話をすると、ギャンブル等依存症対策基本法ができたことは大きいと思います。ギャンブル依存症の当事者や支援団体や専門家が集まって、対策を考えて、やってみて、効果をチェックして、次にどうする……というＰＤＣＡサイクルの動きが国中心で回ってほしいですね。パチンコ業界がお上の言うことしか聞かないということはこれまでの経験で痛いほどわかっていますから（笑）。ただ、せっかくギャンブル等依存症対策基本法ができても、裏で工作して、業界のお墨付きの人を会議の委員として送り込んで、業界の外部の人は排除した体制を作ろうとするのではないか、とちょっと警戒しています。ちゃんとオープンに議論してほしいし、そのためにはやっぱり引き続き国会議員の協力は必要かな、と。

田中　そういう裏工作をするのではなくて、パチンコ自体をもっと、健全な娯楽っていったら変ですけど、きちんとしたエンターテインメントとして〝ホワイト産業〟になっていくことを業界が一丸となって目指せばいいと思うんですよね。例えば、きちんとデータを取ってギャンブル依存症の罹患率が1％を切るぐらいまでにもっていくことを目指せばいいと思う。今みたいな〝グレー〟な位置づけで、言い訳程度に効果のあまりない「依存症対策をやってます！」みたいなアピールで蓋をしようとするんじゃなくて、現実的な問題を直視して、ちゃんと蓋を開けて、そして罹患率が1％を切る……ということを具体的な目標にして、その取り組みの結果として〝ホワイト産業〟になっていけばいいと思うんですよね。そうなったら、もっと面白いことも胸を張ってできるでしょうし。

宇佐美　現実に目を向けてきちんと対策を打てば、風向きや世間の目も変わって、昔ほどではないにしても「国民の娯楽」の地位を取り戻せると思うんですよね。何よりもパチンコ業界が今後も繁栄していくには、それしか道は残されていないと思うんですよね。

田中　私も強くそう思います。厳しい環境下だからこそ、グレーを脱するほうに行ったらいいと思う。地域のお年寄りが集まって、社交場のようになるポテンシャルもあるわけじゃないですか⁉　そういう、良い部分も私たちは理解しています。でも、ギャンブル依存症対策から目を逸らしていたら「良いこともやっています」と主張されても、それは認めてもらえない。「日本の独特の文化として、働いている人がそれを誇りと思えるような産業になってほしい」と私は思っています。

田中紀子

（たなか のりこ）

公益社団法人
『ギャンブル依存症問題を考える会』代表

1964年東京都中野区生まれ。祖父、父、夫がギャンブル依存症者という三代目ギャンブラーの妻であり、自身もギャンブル依存症と買い物依存症から回復した経験を持つ。2014年2月『ギャンブル依存症問題を考える会』を立ち上げる。著書に『三代目ギャン妻の物語』（高文研）、『ギャンブル依存症』（角川新書）がある。

公式HP：https://scga.jp/
Twitter：RICO（田中 紀子）@kura_sara

対談を終えて

今回の対談のおかげで今では戦友のような間柄となった宇佐美さんとの、出会いから今日までのことを振り返ることができました。この間、社会はめまぐるしく変化していき、「カジノ」という突風が吹き荒れました。しかしながら皮肉なことにその突風のおかげで、これまで「自己責任論」で片付けられていたギャンブル依存症問題に光があてられ、少しずつ社会の理解を得られるようになってきました。

ところが日本のギャンブル依存症問題の8割以上を占め、元凶となっているパチンコ業界と私たち当事者・家族団体との話し合いは当時から一歩も前進していません。なぜならパチンコ業界が考える依存症対策は、パチンコ依存症で苦しむ当事者や、パチンコのために未来を閉ざされた家族、親のパチンコのために進学をあきらめていった子どもたち、そして時にはパチンコのために命まで失った人たちとそのご遺族のためという方向性ではなく、相も変わらず警察庁の顔色と、業界の保身、そして一部の既得権者のことしか考えていないからです。

それはパチンコ業界の最大団体である全日遊連の理事長挨拶にも如実に表れています。

（Sankei Biz【業界団体だより】全日遊連、依存対策などさらなる健全化推進　2018/3/24）

理事会冒頭のあいさつで阿部理事長は、2月23日に業界6団体およびオブザーバー8団体による依存問題対策推進会議を開催した旨、報告。また、ぱちんこ依存問題相談機関であるリカバリーサポート・ネットワークを〝業界における依存問題対策の柱〟と位置付け、「いまや業界のみならず、関係行政、社会においても大変重要な機関となっている。同機関の安定的な活動を支援することは私たちにとって重要な責務だ。そうした取り組みが行政や社会からの遊技業界に対する評価につながる」と強調するとともに、さらなる協力を呼び掛けた。

（遊技通信web　2018/7/6）

来賓として挨拶した全日遊連の阿部恭久理事長は、衆議院本会議でIR実施法が可決されたのを受けて「今後社会の風当たりが強くなることが予想される。パチンコ・パチスロはギャンブルとは異なる大衆娯楽であることが国民に理解されるよう遊技環境を整え、他のギャンブルと差別化される状況をつくらなければならない。今年度も依存問題対策を軸とし、遊技環境の改善に向けた取り組みを積極的に推し進めていく」と述べ、より一層の協力を求めた。

（日刊遊技情報　2019/1/25）

会見の冒頭で阿部恭久理事長は「依存に明け、依存に暮れる年。行政講話も依存問題対策が中心となっていた。5月の（依存症問題）啓発週間もあり、どのように業界の取組を国民に理解していただくか、またパチンコを大衆娯楽として広く遊んでもらえるようにしたい」と本年の見通しを語った。

と、このように、パチンコ業界の依存症対策に対する考え方は常に「社会に自分たちをいかによく見せるか?」「リカバリーサポート・ネットワークのポジションをいかに高めていくか?」「これ以上の逆風とファン離れをいかにくいとめるか?」しか語られていません。

今まで一度だって業界側から、パチンコ依存症に苦しむ当事者や家族に対する責任、社会負担へのお詫びの気持ち、支援に東奔西走している医療や、支援者、民間団体に対する感謝などが述べられたことはありません。

パチンコ業界の中にも、これらの保身対策に疑問を持ち、「依存症対策は当事者・家族のためであるべき」「利益相反にならない地域連携で対策を作るべき」という、社会全体の仕組みを俯瞰して考えられるリベラルな方々もいます。けれども業界団体のトップに君臨する理事長の大号令、そして一部の頑《かたく》なパチンコ依存症対策によってメリットを得ている業界人によって事態は一向に変わらないどころかますます頑迷になっている気がします。

それは当会の公開質問状等の呼びかけに対して一切無視しているだけでなく、業界側の研究者によって厚生労働省が発表したギャンブル依存症者の推計を下方修正してみたり、推計を出した拠点病院に対して業界人やその周辺の人々が的はずれな批判を繰り返していることからもわかります。また「ギャンブル依存症者の80％が自然治癒する」「パチンコは認知症に効く」、挙げ句の果てには「ギャンブル依存症などという病気はない」などと独自のご都合主義な理論を展開しています。2018年にはNHKの特集に対し、全日遊連の幹部が「そもそも病気なのかもわからない。僕は幽霊と言っているんですけど、そういう病気があるんだ！という人にはあるんでしょうし、ないという人にはないわけで……」と、発言した時には「この期に及んでまだこの認識か！」と愕然としました。

果たして、こういうパチンコ業界関係者からの必死の発信に効果はあるのでしょうか？業界の方々にはお気の毒ですが答えは「NO」です。もちろん私たち当事者・家族はあきれていますが、実際に臨床の現場にいる医療者、支援者にもなんの影響も与えていません。私たちが拝見している限り、業界発信は現場で気にもされていないし、むしろ利益相反がある研究者とはきっちり境界線が引かれています。そしてもちろん社会でも業界のイメージアップになどつながっていません。

こうした業界の一部頑なな幹部の態度は、誰のためにもなっていないし、むしろ業界を苦しめています。もし、私たちや医療者、支援者と良い連携が作られ、共に考えた依存症対策が発表されたなら、誰にもダメ出しなどされることはないでしょう。警察庁がそれに対して文句を言うはずもありません。そして私たちは業界が恐れる、機種や出玉などに関するマニアックな規制などに言及などいたしません。それが依存症対策とはならないからです。パチンコ業界はどちらを向いて依存症対策をやるのが得策か？　そして、こんなにも内向きな方針を死守することで得する人は一体誰なのか？　もうそろそろ気づかれても良い頃ではないでしょうか。

『ギャンブル依存症問題を考える会』代表

田中紀子

第4章

数字から見るパチンコ業界の凋落

～大逆風に見舞われた21世紀

◉パチンコの凋落と4号機の終焉

前章では、少し話がギャンブル依存症支援の側に振れすぎてしまったので、ここで一度本題に戻って、ここからは改めてマクロ的に21世紀のパチンコ業界の動向を総括しながら、「なぜこのような現状になってしまったのか」ということについて検証していくことにしたい。

パチンコ業界はよく「20兆円産業」だとか「30兆円産業」というように言われる。実際、パチンコ業界の２０１６年現在の売上規模は21兆６２６０億円とされている。それでも最盛期の２００５年の34兆８６２０億円に比べれば大幅に落ち込んでおり、直近では規制強化の影響で18兆円規模まで売上は縮小したと言われている。ただそれでも依然としてかなりの規模を保っていることには変わらない。

パチンコ業界が批判される理由のひとつとして、この見かけ上の巨大な市場規模がある。ただ、この20兆円という市場規模は、純粋なユーザーの投資金額ではなく、パチンコ遊技の過程で返ってくる金額の再投資も含めた金額なので、パチンコ業界の実態経済規模はもっと小さい。言葉だけだとわかりにくいので数値を示して考えてみよう。

例えばパチンコ遊技を通じて平均的に20％を店側に取られるとする。この場合、ユーザーがはじめに1万円をパチンコに投入すると、8000円相当の玉が払い出されることになる。そして、その返ってきた玉をまた投入していくと6400円、さらに投入すると5120円……という具合にさらに20%ずつ減っていく一方で、投資額は8000円＋6400円＋5120円＋……とかさんでいくことになる。これを限界まで続けると、計算上、1万円÷20%＝5万円、となり元手の1万円の投資で5倍の5万円分の遊技ができることになる。

この場合、直感的には「売上を1万円」と考えてしまいがちだが、パチンコ業界では「5万円を売上、1万円を(客の)純損失または(店の)粗利」と捉えることとしている。どちらがユーザーの肌感覚に近いかというと、何せユーザーの財布からは1万円しか出ていないのだから、売上よりも粗利ということになる。実際には、パチンコというギャンブルの店側の取り分、すなわち控除率は概ね15%程度と言われているので(※30)、総売上は1÷0・15＝6・6666……で、純損失から6・7倍弱膨らんでいることになる。つまり21・6兆円の売上といっても、実態に近い粗利ベースでは概ね3兆2442億円程度の経済規模し

※30　http://www.gambles-payout-ratio-ranking.com/pachinkopayout/

◎パチンコ売上関連データ

前年比増加　前年比減少

		パチンコ売上(億円)	パチンコ売上前年比	遊技人口(万人)	遊技人口前年比	平均客単価(万円)	平均客単価前年比
市場拡大基調	2001年	292,430	—	1,930	—	151.5	—
	2002年	304,420	104.1%	**2,170**	112.4%	140.3	92.6%
	2003年	322,900	106.1%	1,740	80.2%	185.6	132.3%
	2004年	339,120	105.0%	1,790	102.9%	189.5	102.1%
	2005年	**348,620**	102.8%	1,710	95.5%	203.9	107.6%
市場縮小基調	2006年	336,420	96.5%	1,660	97.1%	202.7	99.4%
	2007年	301,770	89.7%	1,450	87.3%	208.1	102.7%
	2008年	288,190	95.5%	1,580	109.0%	182.4	87.6%
	2009年	282,420	98.0%	1,720	108.9%	164.2	90.0%
	2010年	259,830	92.0%	1,670	97.1%	155.6	94.8%
	2011年	254,890	98.1%	1,260	75.4%	202.3	130.0%
	2012年	256,720	100.7%	1,110	88.1%	231.3	114.3%
	2013年	250,050	97.4%	970	87.4%	**257.8**	111.5%
	2014年	245,040	98.0%	1,150	118.6%	213.1	82.7%
	2015年	232,290	94.8%	1,070	93.0%	217.1	101.9%
	2016年	216,260	93.1%	940	87.9%	230.1	106.0%

かないことになる。それでも大きい値には変わらないが、パチンコという業界の市場規模は世間で思われているほどには大きくないのだ。

とは言え、言葉を返すようだが、それでも他のギャンブル産業に比べればやはりダントツに大きい。パチンコに次ぐ市場規模を誇る競馬の2016年の売上高(※31)は3兆1480億円(うち中央競馬:2兆6710億円、地方競馬:4770億円)で控除率は概ね20～25%なので、実態経済規模は6296～7870億円程度ということになるので、せいぜいパチンコの4分の1程度の規模しかないことがわかる。その他のギャンブルを足し合わせても、売上は3兆円に届くか届かないか、という程度の規模なので、やはり日本国内におけるギャンブルの王者はパチンコということになるだろう(※32)。

ただパチンコ業界の市場規模は凋落の一途を辿っていることもまた事実である。

右の表は２００１年以降のパチンコの売上関連データをまとめたもので、**薄いグレーで塗りつぶしているマスは前年比増加、濃いグレーで塗りつぶしているマスは前年比減少を示している。**見ていただければわかるとおり、パチンコ業界の売上が最も大きかったのは２００５年で、ちょうど私がパチスロに夢中だった時期だが、この年を境に売上は明らかに下落傾向にあり、２００１~２００５年の市場拡張期とそれ以降の市場縮小期にはっきり分断されることがわかる。

このパチンコ業界の凋落を少し要因に分解して考えてみよう。パチンコの売上は、他のサービス業と同様に「客数×平均客単価」で考えることができる。例えば、２０１６年の遊技客数９４０万人、平均客単価は２３０・１万円で両者をかけ合わせると、21・６兆円という売上になる。この遊技客数と平均客単価の関係から21世紀のパチンコの歴史を振り返っ

※31　http://www.maff.go.jp/j/chikusan/keiba/lin/attach/pdf/index-53.pdf
※32　http://www.ptb.or.jp/s_pachinko_slot_industry_data.htm

てみよう。

私がホールに入り浸っていた2002年から2005年はパチンコ業界全体としては売上が増えていた時期ではあるが、実は遊技客数の推移を見てみると必ずしも増えていたわけではない。むしろ2002年に2170万人いた遊技人口は、2005年に1710万人まで22・2%も減少している。これは意外なことではあるが、それでもこの間、売上が上昇しているのは、この客数減少を補って余りあるほど、もうひとつの売上を構成する因数である平均客単価が大きく上昇していたからということになる。実際、同期間の平均客単価を確認してみると、2002年の140・3万円から2005年には203・9万円と45・3%も上昇している。パチンコにおいて平均客単価が上昇するということは、何を意味するかと言うとそれは「ヘビーユーザーが増えた」ということで、間接的にはパチンコ依存症が増えた可能性が高いと言ってもいいだろう。

つまり当時のホールの活況は、全体としてパチンコ・パチスロファンが増えた結果というわけではなく、**毎日朝から店の前に並ぶようなパチンコ・パチスロのヘビーユーザーが増えた結果、店が混雑したということである**。当時のホールはとても〝遊技場〟とは呼べない〝鉄火場〟と化しており、毎日決まった面子《メンツ》が10万円単位の大金をかけて勝負していたので、言われてみればこれは納得いくところである。ギャンブル性が高いパチスロ機がホールにあふれた結果、こうした環境変化についていけないライトユーザーはホールから離れ、他方で高いギャンブル性を求める〝目が血走った〟ようなユーザーがホールに集まることになったということなのであろう。これは中にいた立場では案外気づかないもので、私としても今こうして数値で振り返って初めて気づいたことである。

この時期のホールは昭和の鉄火場的なムードを消すことに躍起で、女性がひとりでも入りやすいアミューズメントパーク化を推し進めたり、郊外の大型店では商業施設や飲食店を併設し、ファミリーで訪れることができるような方向に舵を切っていた（お父さんがパチンコをしている間、家族はショッピングや食事をする、というビジネスモデルだ）。現実は〝鉄火場〟と化しているのに、外見上はまったく逆の動きをしていたわけで、なかなか気がつかないのも、ある意味で当然だ。ただ前述のとおり、パチスロにおいてはＡＴ機やＳＴ機はあまりにもギャンブル性が高く、借金を抱えて自殺するユーザーが多数出たこともあり、パチンコ業界の監督官庁である警察庁は２００４年にＳＴ機の新規機種の開発を事実上禁じ、併せて既存の機種も２００５年から２００８年までの間に順次ホールから撤去させる措置を講じた。

この結果どうなったかと言うと、２００６年以降さまざまな意味で反動が出てパチンコ業界の市場が縮小していくことになった。まず遊技人口という意味では、ＳＴ機の異常なギャンブル性に慣れてしまったユーザーは、「5号機」と呼ばれる新規格のパチスロ機種の緩い性能では満足できず、ストック機の新機種が出ないホールから徐々に離れていった。その結果、パチンコホールの売上は、２００５年の34・8兆円から２００８年には28・8兆円となり、急速に落ち込んでいくことになった。今でも〝狂気〟と振り返られる、４号機の時代はこうして終焉を迎えていった。

●低貸玉機の登場とエヴァンゲリオン

２００８年頃になると、業界としてはユーザー離れを放置しておくわけにはいかないので、この頃からなんとかユーザーを呼び戻すための施策を考えるようになる。その主要な取り組みとして、全国のホールに普及したのが「低貸玉営業」である。「低貸玉営業」と言うとわかりにくいが、要はパチンコ・パチスロのギャンブルのレートを下げるということである。通常パチンコの1玉は4円、パチスロのメダル1枚は20円、と相場が決まっているが、「低貸玉営業」は、このレートを4分の1にして、1玉1円、1メダル5円にしてしまう。**これを通称「1パチ」だとか「5スロ」と呼ぶ。**これによってユーザーは、より少ない資金で、より長く遊べるようになり、パチンコホールに気軽に行きやすくなる、というわけである。

結果から言えば、この取り組みは短期的には成功した。従来の4分の1の資金で遊べるため、パチンコから離れていたライトユーザーが徐々にホールに戻ってくるようになり、2008年から2009年にかけて急速に遊技人口は回復し、1450万人から1720万人にまで増えた。ただその分、低レートで遊ぶユーザーが増えたため、必然的に平均客単価は低下することになり、売上回復にまでは至らなかったが、特に設備投資の必要もなく、4円で稼働していた中古台を流用するだけでよかったので、ホールにとっては良い延命策となった。2009年にはリーマンショックで日本全体の景気が落ち込む中でも、売上も28兆円弱で下げ止まり、業界としてホッとしたところだったろう。

この時期は、機種開発という面でも違う観点で新規ユーザーの取り込みを進めていた。それが「アニメコンテンツの取り込み」である。前述のとおり、こうしたアニメと連動した機種の開発が本格化したのはパチスロの『北斗の拳』が走りであったが、その流れはすぐにパチンコにも波及し、2005年にアニメコンテンツと連動した大ヒット機種が生まれた。それが**『CR新世紀エヴァンゲリオン』**である。細かくなるのでここでは詳細について述べないが、2004年に警察がパチスロのストック機に対する規制を強化した際に、パチンコに関しては逆に若干の規制の緩和が行われた。この内容は、それまで例えば「一度の大当たりでは16ラウンド2400玉出る」という形で画一的だった大当たりに関して多様化を認めるというものだったのだが、これを上手く利用したのがこの『CR新世紀エヴァンゲリオン』だった。

この機種の特徴は、多様な大当たり形態をパチンコのゲームモードの変化に反映させ、パチンコ遊技のゲーム性、ストーリー性を飛躍的に高めたことにあった。いわゆる「突確」（突然確変）という新しいシステムを普及させたのがこの機種。出玉はほぼ得られないものの、いきなり確変状態に突入するという演出が見事にアニメの名シーンとリンクし、一気にユーザーに受け入れられた。これは私見もあるが、4号機の時代のパチンコは単調に大当たりを狙うゲームで、シンプルな良さがあったがさまざまなモードを体験できるパチスロに対して面白味、大当たり時の爆発性に欠けると捉えられていた。しかし『CR新世紀エヴァンゲリオン』はこの評価を覆す人気シリーズとなった。エヴァンゲリオンはパチスロに、北斗の拳はパチンコにもそれぞれ展開し、後継機種が今でも出続けている。

他にも2000年代になってパチンコのイメージを大きく変えたのは、有名なドラマやアニメ、タレントとのタイアップにある。

2001年に『CR必殺仕事人』(京楽)、2002年には『CRピンクレディー』(大一)がホールに導入された。それまではパチンコ業界のグレーなイメージから、有名芸能人とのタイアップは実現不可能と言われてきたが、これらの台のメガヒットにより、多くのコンテンツがパチンコに版権を解放される。当時はパチンコ業界の景気も良かったため、版権料は天井知らずで上がり続け、版権を提供する側にも大きなメリットがあった。

さらに消費者金融がCMを自粛した枠に、パチンコメーカーが参入したことでタイアップ機のCMが堂々とゴールデンタイムに流れるのが当たり前のことになった(のちに直接的に台の宣伝をする形式のテレビCMは全廃される)。

2006年に人気韓流ドラマとのタイアップ機『CR冬のソナタ』(京楽)がホールに導入された際には、普段はパチンコを打たない主婦層が大挙してホールに詰めかけ、その様子がニュースとして取り上げられる現象まで生み出した。その結果、この時期は、ウルトラマン、仮面ライダー、水戸黄門、カイジ、巨人の星、キャプテン翼、めぞん一刻、機動戦士ガンダム、バーチャファイター、うる星やつら、サクラ大戦、アントニオ猪木、スター・ウォーズ、マイケル・ジャクソン、中森明菜、浜崎あゆみ、ＡＫＢ48とありとあらゆる分野のコンテンツがパチンコ産業に取り込まれるようになった。もはやパチンコ化されていない大型版権を探すほうが難しいほどだ。こうしたコンテンツの取り込みは、少なくとも短期的にはパチンコ・パチスロのゲーム性・ストーリー性を高め、多くの新規客を獲得するのに貢献した。この頃、業界としては４号機の禁止を乗り越えてなんとかソフトランディングしたと胸をなでおろしていたことだろう。しかし現実はそれほど甘くなかった。

◉総量規制、自粛ムード、携帯ゲームという大逆風

２０１０年になると、今度は「貸金業法の改正」という大きな逆風が吹いた。貸金業法はいわゆるサラ金、消費者金融に関する規制を定めた法律だが、『武富士』など大手の経営手法が社会的に批判を浴び、多重債務者問題が表面化したことから２００６年に大規模な改正が行われた。この内容は多岐にわたり、また社会に与える影響も大きいため、２００６年12月に改正法の内容は公布されていたのだが、いわゆるグレーゾーン金利の撤廃、総量

規制の導入などの主要な措置は２０１０年６月に施行されることとなっていた（※33）。

そしてパチンコ業界に大きな影響を与えることになったのはこの「総量規制」の導入であ

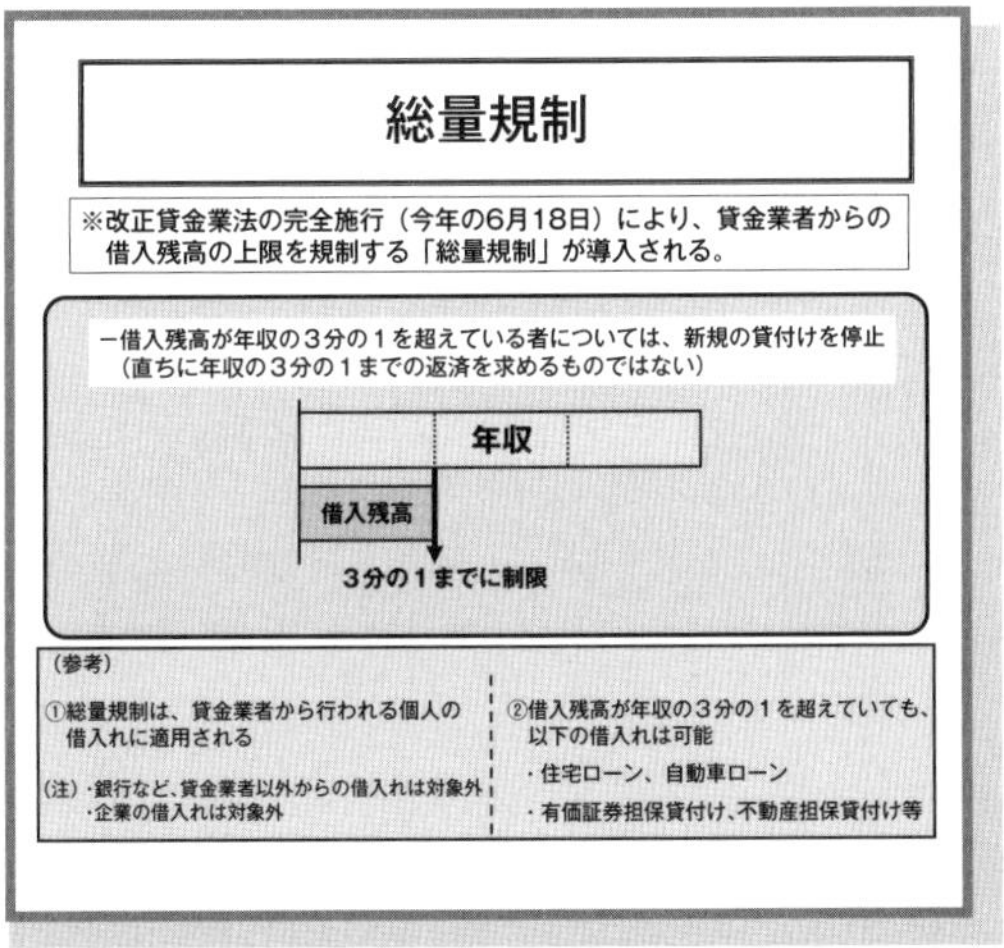

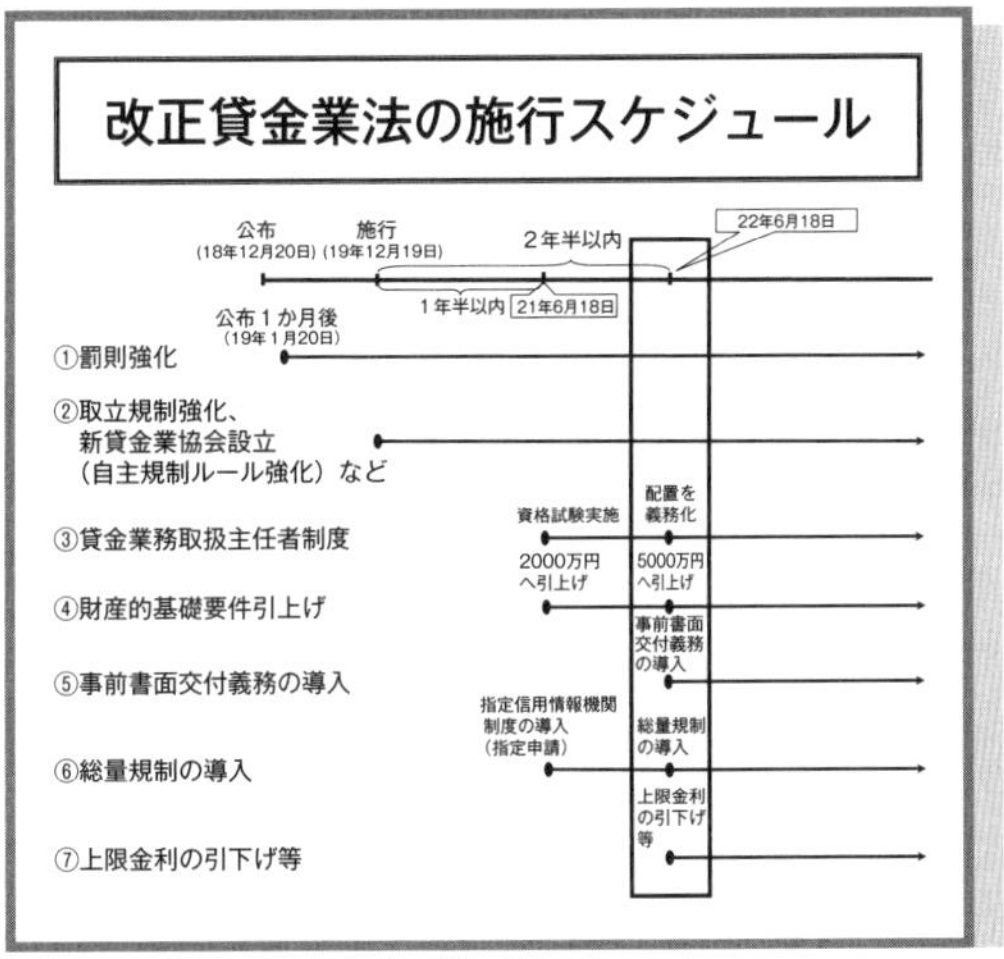

※貸金業法改正等の概要
（金融庁）

※33　https://www.fsa.go.jp/policy/kashikin/04.pdf

った。総量規制とは、借入残高が年収の3分の1を超えている者に対して、消費者金融に新規の貸付を禁じる措置である。この結果、消費者金融から借金をしてパチンコに興じていたような不健全なユーザーが遊技を続けることが困難になったのだ。

個人的には、そもそもこのような不健全なユーザーに頼った営業をしていたこと自体がパチンコ業界の問題であるし、また、ギャンブル依存症への対策の不在を示すようなものであると思うが、いずれにしろパチンコ業界としてはこれでますます窮地に陥ることとなった。加えて2011年に東日本大震災が起きると、真っ先にパチンコは「自粛」の対象となった。特に原発事故により節電が盛んに呼びかけられたことで、巨大なネオンサインを掲げ、数百台の機械を稼働させるホール(客が座っていなくても、台は動いているので電力の無駄遣いだ、という批判が相次いだ)はバッシングを受けまくることになる。前述したテレビCMが消えたのも、このタイミングである。

行政機関はパチンコ業界に縮小営業の要請をし、警察庁は広告規制を強め、「出玉大開放!」「甘釘調整!」「赤字覚悟!」などといった煽り文句でイベント集客をすることは困難になった。この結果、2010年から2011年にかけて、遊技人口はは1670万人から1260万人と1年で一気に25%近くも減少した。

他方でこの時期は急速に携帯ゲーム、ソーシャルゲーム市場が立ち上がってきた時期でもあった。携帯ゲームの走りとなった『DeNA』が展開するモバゲーが始まったのは2006年のことだったが、本格的な成長が始まったのは2010年3月期から2011年3月期にかけてのことで、同社は〈売上：481・0億円、経常利益：215・2億円、経常利益率：44・7％〉から〈売上：1127・2億円、経常利益：562・5億円、経常利益率：49・9％〉に急拡大している（※34）。これは同社のライバルである『GREE』に関しても同様で、2009年6月期から2011年6月期にかけて、同社は〈売上：139・4億円、経常利益：83・3億円、経常利益率：59・7％〉から〈売上：641・7億円、経常利益：309・0億円、経常利益率：48・1％〉に拡大している。以降携帯ゲーム市場は拡大し続けているのだが、携帯ゲームはパチンコから20代、30代の若年層ユーザーを奪ったと言われている。実際、2013年12月のサービス開始以降大流行した『モンスターストライク』の開発者の岡本吉起氏はインタビューで以下のように答えている（※35）。

――「モンスト」と「パズドラ」は、対象とするユーザーのイメージは違うものなのでし

※34　https://dena.com/jp/ir/finance/highlight_j.html
※35　http://news.livedoor.com/article/detail/11370435/

ょうか。

岡本　重なっていると思います。やっぱり、「パズドラ」のユーザーも取り込まなくては、1位は取れないですから。「パズドラ」は7000億円の市場の中で、2000億円を売り上げています。だから、多少なりともチャンピオンに強いパンチを入れ続けないと、トップを奪うことはできません。僕たちは、少なくとも日本チャンピオン、あわよくば世界チャンピオンを狙っているので、常に攻めていかないといけないのです。

──（モンストは）「コンシューマーゲームの市場を食っている」という意識はありますか？

岡本　それはよく言われますが、僕は絶対に食っていないと思います。コンシューマーのユーザーは、簡単にお金を出しません。僕が「食ってるな」と思うのは、パチンコ市場です。一回に何万円もお金を出すユーザーを抱えているのは、パチンコだけですよ。

ソーシャルゲームのユーザーは、もともとパチンコのお客さんだったと思います。だから、僕らも、そこを意識して食いにいっています。グイグイ食い込んでいるので。パチンコ業界は相当苦しいと思いますよ。

なお、2010年3月期のマルハンは＜売上：2兆1209・2億円、経常利益：554・4億円、経常利益率：2・6％＞（※36）なので、携帯ゲームとパチンコホールの利益率は20

倍近く異なる。したがって携帯ゲーム市場は単純に売上規模で見るとパチンコ業界に比べれば小さく見えるが、仮にパチンコホールから携帯ゲームにユーザーが流れたと考えると、その影響は20倍に換算して考える必要があるだろう。モバゲーであれば２０１０年３月期から２０１１年３月期にかけて経常利益が３４７・３億円伸びているが（※34）、この経常利益はパチンコの経常利益率の基準で考えれば売上１兆３０００億円規模近く必要になり、これはパチンコ業界にとって大きな打撃になったことは間違いないだろう。

　このように、２０１０年以降のパチンコ業

※36　https://www.maruhan.co.jp/corporate/ir_finance.html

◎パチンコ・パチスロの性・年別参加率の推移（単位：%）

調査年	2004年	2005年	2006年	2007年	2008年	2009年	2010年	2011年	2012年	2013年
全体	16.3	15.5	15.0	13.1	14.3	16.8	16.3	12.3	10.9	9.6
男性全体	24.8	23.3	22.8	19.6	22.0	22.9	22.8	17.0	16.9	13.9
10代	9.6	13.0	9.0	3.7	4.3	11.4	7.5	8.3	2.0	1.0
20代	32.0	33.5	35.1	23.0	34.4	24.5	26.9	17.1	18.1	13.2
30代	29.8	28.4	28.6	30.3	30.6	27.5	24.7	25.9	20.0	19.4
40代	24.5	27.8	19.1	21.3	25.0	27.1	27.5	21.6	23.1	14.7
50代	31.4	25.9	29.1	23.4	23.4	22.9	28.9	14.9	17.5	15.0
60代以上	16.3	11.9	13.4	11.4	11.6	19.4	16.5	12.6	60代15.1 70代10.7	60代15.3 70代 8.6
女性全体	8.3	8.2	7.6	6.9	7.0	11.1	10.2	7.7	5.1	5.5

出典:「レジャー白書」各年版

※性・年代別の各集団における参加率であり合計しても100%にはならない。

界は貸金業法の「総量規制」の導入によるヘビーユーザーの強制退出、東日本大震災以後の「自粛」と広告規制強化、「携帯ゲーム」市場が立ち上がったことによる若年層のパチンコホール離れ、という複合的な強烈な逆風が吹き、遊技人口は大きく減少することになった。特に若年層の離脱は激しく、2010年から2013年にかけて、パチンコ・パチスロの年代別参加率は10代で7・5%から1・0%に、20代で26・9%から13・2%に急落している（※37）。このままではいずれパチンコ業界は本当になくなりかねない状態にある。

◉規制の網の目をくぐろうとしたメーカー

こうなると、業界がやることはひとつである。今度はまた「平均客単価」を上げることを目指すようになったのだ。そのための施策は何かと言うと、ギャンブル性の高い機種の販売、である。

2011年頃からパチンコ・パチスロともギャンブル性が急速に高まり、パチンコは「**MAX機**」、パチスロは（4号機時代とは仕組みが異なる）「AT機」と呼ばれる機種群が主流となる。特にパチンコの「MAX機」は、業界ぐるみの大不正であった前述の「不正釘問題」

と密接な関係があったのだが、このことについては後に説明する。

その結果、２０１０年から２０１３年にかけて平均客単価は、２０１０年：１５５・６万円、２０１１年：２０２・３万円、２０１２年：２３１・３万円、２０１３年：２５７・８万円、と急速に上がっていく。他方でユーザーは減少を続け、２０１１年の１２６０万人から、２０１３年には９７０万人に減少する。**少なくなるユーザーの財布から、搾り取る、焼畑農業のような営業である。**

ちょうどこの頃は、私が経済産業省を退職して独立した時期で、仕事も人間関係も上手くいかず、憂さ晴らしにパチンコホールに行くいくようになった時期なのだが、ホールの変化には驚かされたものだった。まず感じたのだが、ホールから若者が消えていたことである。４号機の時代、ホールには山っ気のある20代があふれていたが、**この時期のホールの中心は40歳以上の中年、高齢者だった。**

これは前述の貸金業法改正の影響や、スマホゲームの流行など複数の要因によるもので、パチンコホールは、かつてのような〝ちょいワルたちが集まる場〟から〝単身世帯が寂しさ

※37　http://www.nichiyukyo.or.jp/FileUpload/files/magazine/201409/01_leisure.pdf

を紛らわすような場〟や〝庶民の娯楽場からある程度のお金を持つ人の遊技場へ〟変わりつつあった。

もうひとつ感じたことは、実態の伴わない過剰な演出の増加である。これは今でも続くことだが、大当たり以前のリーチの段階で手を替え品を替え、こちらのテンションを煽るような刺激的な演出が増え、時には数分間も液晶画面や筐体に付属している稼働装置で雰囲気を盛り上げるような演出を繰り返し、「これは、大当たりか！」とさんざん思わせておいて外れるようなことが多く、また大当たりになってもほとんど出玉が出ないこともあり、その演出と現実の落差にイライラさせられたものだ。この傾向は今でも続いており、当時よりむしろ悪化している。

それでも偶《たま》に大当たりで数万発が出ることもあるので、こうした派手な演出にフラストレーションを溜めながらも、いつか来る大勝ちを狙ってのめり込んで湯水のごとく資金をつぎ込んでしまうユーザーが多かったように思える。ある時馴染みのパチンコホールのオーナーが「最近若者がホールに来なくなって、高齢者のギャンブル依存症が増えた。うちも経営があるのでそうした高齢者から搾り取るような営業をしている。親を騙して金を取っているようで申し訳ない。この前店内のカメラに向かって手を合わせ拝んでいる70歳くらいのお客様を見て、もうこの業界辞めようと決意した」と語ったのは大変印象的だった。こうした傾向はデータからも見てとれ、高齢者のユーザーほどパチンコの頻度が高いことが統計的に確認されている(※38)。

当然、警察庁はこうしたヘビーユーザーだよりの営業手法を問題視するようになり、2013年頃から、まずパチスロのAT機に対する取り締まりを強化する。ここでAT機の性能について詳しいことは述べないが、『パチスロ北斗の拳　転生の章』(サミー)、『SLOT魔法少女まどか☆マギカ』(メーシー)、『バジリスク～甲賀忍法帖～絆』(エレコ)、『スー

※38　https://amusement-japan.co.jp/article/detail/10000217/

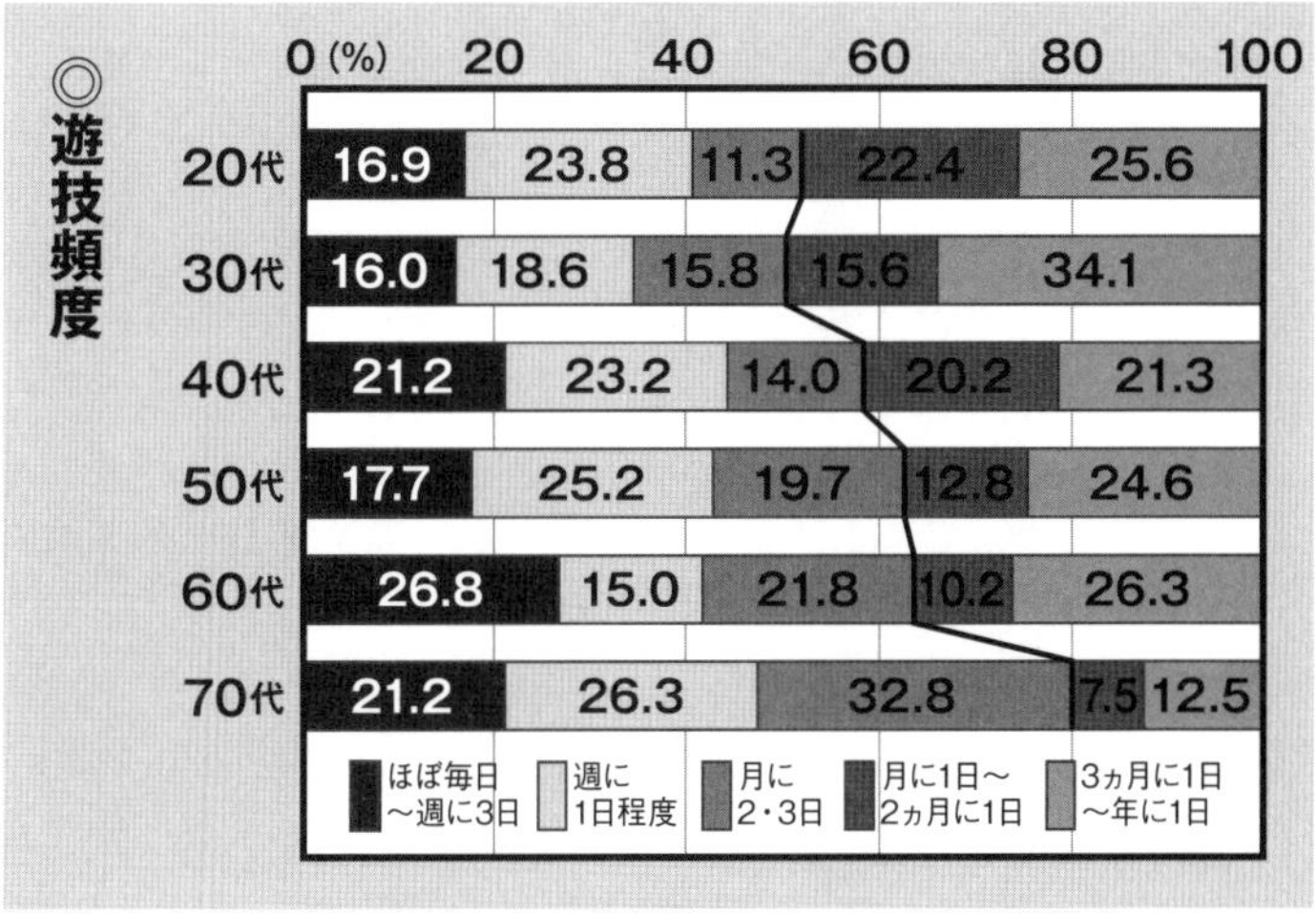

※アミューズメントジャパン「2016年のパチンコ・パチスロ参加者」より

パービンゴネオ』(ベルコ)、『ミリオンゴッド—神々の凱旋—』(ユニバーサルブロス)、『押忍！サラリーマン番長』(大都技研)などの代表的な機種を挙げれば、ピンと来る方も多いことだろう。

AT機は5号機の基準をサブ基盤制御という脱法的手法を用いて、ギャンブル性能を上げるものだった。**警察庁はパチスロの性能に関しては「メイン基板(主基板)」に搭載するように指導し、**このメイン基板で制御される「図柄抽選」「ボーナス」「ビッグボーナス」といった機能を中心に性能の要件を定める試験方式ができた。その結果、5号機の初期はメイン基板を使う限りは非常にギャンブル性が低いものとなったのだが、その結果パチスロは一気に人気が冷え込んでしまった。パチスロ業界としてはなんとか人気を復活させるためにギャンブル性を上げようと、**規制の網の目をくぐるべく模索した結果生み出されたのが「サブ基板制御」だった。**これはメイン基板ではなく、サブ基板にユーザーの遊技をアシストする機能を持たせることで、**実質的にサブ基板でパチスロのギャンブル性を高めてしまおうとするものだった。**

最も使われたのが「押し順ナビ」と呼ばれる手法で、サブ基板による制御を通じてユーザーに「右、左、真ん中」などといった順番で図柄を止めるように誘導し、それによって子役の成立を容易にするという手法だった。これでスリーセブンのような大当たりがなくとも、子役を連続して当選させることでユーザーのメダル枚数を増やしていく機能が実現し、これが（5号機時代の）「ＡＴ」と呼ばれることになった。この機能を設定ごとにかえる「ＡＴ機」が増えたことで、パチスロのギャンブル性は一時期飛躍的に増した。これは違法とまでは言い切れないものの脱法的な手法だったと言えよう。

そのため、警察は業界に自主規制でサブ基板によるギャンブル性のコントロールを抑制するように求め、これにパチスロメーカーが一定の猶予期間を設けた上で応じ、いくつかの機種が撤去され、また、業界内の規格を見直して今後同様の問題が起きない仕組みを作ることで一応は問題の沈静化に成功する。パチスロメーカーは、必ずしも違法とは言えない問題に自主規制で対処したわけで、一応の自浄作用があったことになるが、おそらく4号機時代の経験から来る反省もあり問題を荒らげたくなかったのだろう。

そしてこの頃から警察庁は行政講話などで、「これ以上ギャンブル性の高い機種に頼るのはやめて、ギャンブル依存症問題に向き合え」というメッセージを重ねてパチンコに関しても出すようになる。しかしながら、パチンコメーカーは警察のこの度々の警告に聞く耳を持たず、**むしろ「ＭＡＸ機」と呼ばれる規制上許される限界までギャンブル性を高めた**

機種の販売を強化するようになる。

◉パチンコを凋落させた「MAX機」の大罪

この「MAX機」とは、文字どおり規制上許される最大限(MAX)までギャンブル性を高めた機械である。ここで「ギャンブル性」という言葉を使ったわけだが(実際には違法だったのだが)、この意味するところは実のところ曖昧なので、少しはっきりさせておこう。

賭博の定義については第3章で述べたとおり「お金や品物を偶然の勝負の勝ち負けで得たり失ったりすること」なので、「ギャンブル性」というものを考えた時に、決められた時間でより多くの金銭的価値のあるものを賭けて、より多くのものを得られるゲームが「ギャンブル性が高い」と定義づけることができるだろう。例えば1時間で1000円賭けて2000円儲かる可能性がある勝負よりも、1時間で10000円賭けて20000円儲かる可能性があるようなゲームのほうが「ギャンブル性が高い」ということだが、これに異論を唱える人は少ないだろう。ここで掘り下げて考えることは「パチンコの場合、どのようにこうしたギャンブル性の度合いを測るべきなのか」ということである。

ひとつ目は「大当たり確率」である。大当たりをする確率が低ければ低いほど、「ハズレ」として無為に消費する玉が増える確率が高まるので、負けた分の玉がパチンコ台に溜まっていくことになる。一方、大当たりの継続率を高くすれば大当たりが連続することで放出できる出玉の数も大きくなるので、大当たり確率が低ければ低いほど勝ち負けの金額は傾向として大きくなることになる。いわゆる「(勝ち負けの)波が荒く」なるのだ。この確率は各機種ごとに公開されており、規則上400分の1が限度とされていたのだが(2004年の規制緩和で500分の1が上限となったが、あまりにも波が荒くなりすぎたため、2005年に400分の1に規制された)、MAX機は大当たり確率がこの限界値に設定されていることが多かった。ただこの400分の1というのはあくまで表面的な値で、ユーザーが期待しているのは「連チャン(連続チャンスの略)」と呼ばれる大当たりが連発する確変モードに突入することで、この確率は概ね650分の1~750分の1に設定されていた。

ふたつ目は「ベース」と呼ばれる、投じた玉が大当たりではない通常の状態時にどれだけ返ってくるか、ということを示す指標だ。例えば100玉投じて、大当たりがなくとも40玉返ってくれば「ベースは40」というように表現されることになる。この場合、100玉投じても返ってくるものを考えると、実質的には100－40で60玉しか投じていないことになるので、玉が減っていくスピードが遅くなることになる。先ほどの大当たり確率が「パチンコ台がどれほど負けを溜めこめるか」という指標なのに対して、こちらは「どれだけのスピードで負けていくのか」ということを表すことになる。このベースの値は個別の遊技機ごとに微妙に異なり、ユーザーからしてみれば打ってみなければわからないものなのだが、警察としては概ねこのベースの値が「35」を下回らないようにするための規制を設けていた。と、理屈ばかり述べてわかりづらいので実機の例を見てみよう。以下はいわゆるMAX機の〝代表格〟となった『CR牙狼XX』の性能スペックである(メーカーHPより作成)。

◎機種情報

メーカー
サンセイR&D

型式名
CR牙狼XX

タイプ
デジパチ,羽根物

仕様	8個保留、右打ち
大当り確率	1/397.2
連チャン突入率	50%
連チャン継続率	82%
時短システム	初当り時50%、連チャン時82%で100回(魔戒チャンス)
平均連チャン数	3.8回
賞球数	3&10&14
大当り出玉	約1560個
ラウンド	15
カウント	9

※メーカーのHPより作成

◎『CR牙狼XX』の大当たり確率

金額	大当たり数		連チャンモード突入後連チャン確率回数別	
6,240	1	1/397		
12,480	2	1/794	1	100.0%
18,720	3		2	82.0%
24,960	4		3	67.2%
31,200	5		4	55.1%
37,440	6		5	45.2%
43,680	7		6	37.1%
49,920	8		7	30.4%
56,160	9		8	24.9%
62,400	10		9	20.4%
68,640	11		10	16.8%
74,880	12		11	13.7%
81,120	13		12	11.3%
87,360	14		13	9.2%
93,600	15		14	7.6%
99,840	16		15	6.2%
106,080	17		16	5.1%
112,320	18		17	4.2%
118,560	19		18	3.4%
124,800	20		19	2.8%

大当たり確率は397・2分の1となっており、大当たりに当選すると約1560個、1玉4円であるから6240円弱当たることになる。そしてここから連チャンモードへの突入率は50%とされているので、397・2分の1に50%をかけた「794・4分の1」が連チャン突入率となっている。一度連チャンに入ると82%で継続し、そこから1÷(1－0・82)で、5・55回弱大当たりが繰り返されるので、初回当たり時の影響を加えて概ね6240円×(1＋5・55)＝40872円相当のパチンコ玉が払い出されることになる。これはもちろん平均の値なので、実際にはどれだけ勝てるかはその都度違い分散するわけで、多い時には連チャンが10回、20回続くこともあ

り得る。

簡単に計算してみると、一度連チャンモードに入ってしまえば、20％の確率で大当たりが10回（６２４００円相当）、５％の確率で大当たりが17回（１０６０８０円相当）続く可能性があることになり、一度の大当たりで10万円も夢ではないというギャンブル性が高い機種ができあがる。

ただこれだけ大当たり時、特に連チャン時に爆発するギャンブル性が高い機種を作ると、その代償として、本来はゲームのスピード性がそがれることになる。例えばこの『ＣＲ牙狼ＸＸ』は、ユーザーが投入する玉（アウト玉）と払い出される玉（セーフ玉）が一緒になる採算ラインのボーダー（※39）は、１０００円（＝２５０玉）あたり16・2回、１００玉あたりだと6・5回、抽選が行われることである。ボーダーは、これ以上大当たり抽選が回ってしまうとパチンコホールは赤字になってしまうラインである。

このような性能の遊技機は規制上大きな問題がある。一般にパチンコは「始動口」と呼ばれる盤面中央の大当たりの抽選が行われるメインの入賞口に玉が入ると3個の払い出しが行われる。つまり採算ラインでは、１００玉投入すると3×6・5＝19・5で約20玉の払い出しが行われることになるが、これではベースが20にしかならず、前述の役物比率「35」が達成できずに法律違反になってしまう。したがって役物比率規制を達成するには、始動口への入賞を減らして、一般入賞口の入賞を増やす必要がある。具体的には始動口への入賞を１００玉あたり5個程度に減らして大当たり抽選の回数を減らし、他方で大当たりの抽選とは関係ない左右に配置されている一般入賞口から20個前後の払い出しをさせて、役物比率を上げるべくバランスを取る必要がある。

ただこうすると、いわゆる「回らない」スピード性に欠ける退屈な機種ができあがってしまい、それだと客がつかず人気が出ない機種になってしまう。このように本来パチンコの規制は、ギャンブルの「波の荒さ」と「スピード性」が両立しないように規制されており、総合的なギャンブル性が高くならないように設計されていた。

この規制は遊技人口が減る中で、なんとか売上を保つためにギャンブル性を高めて平均客単価を高めたいパチンコ業界にとって、非常に厄介なものだった。特に厄介だったのがギャンブルのスピード性を規制する、役物比率に関わる規制であった。そこでパチンコ業

※39　http://yossy-slopachi.com/2015/10/27/%E7%8F%BE%E8%A1%8C%E3%83%91%E3%83%81%E3%83%B3%E3%82%B3max%E3%82%BF%E3%82%A4%E3%83%97%E3%80%80%E3%82%B9%E3%83%9A%E3%83%83%E3%82%AF%E3%83%BB%E3%83%9C%E3%83%BC%E3%83%80%E3%83%BC%E3%83%BB%E7%89%B9/

界は業界ぐるみで、この規制を逃れるための不正に走るようになる。それが「不正釘問題」だったというわけである。メーカー、ホールは、検定取得後に不正に釘曲げをすることで、一般入賞口に玉を入らないようにする一方、始動口に玉が入りやすくすることで、ギャンブルの「波の荒さ」と「スピード性」の両立を可能としたのである。こうして日本全国のホールは違法機であふれることになったというわけである。

アンチ・パチンコのスタンスを取る人はパチンコを「違法ギャンブル」とよく呼ぶが、文字どおり2015年から2017年にかけては、全国のパチンコホールは「違法ギャンブル場」と化してしまったと言えよう。警察庁は2018年2月に風営法施行規則を大幅に改正・施行して、MAX機の大当たり確率の上限を320分の1とし、一回の大当たりで得られる出玉も従来より大幅に縮小させるなどパチンコのギャンブル性を下げる取り組みを本格化しつつあるが、これだけ歪んでしまった業界をどのように立て直すか、というのは非常に難しい問題である。

誰からも愛されるホールへ

紗倉まな（AV女優、タレント、作家）×宇佐美典也

なんのために、何を規制すべきで、何を推し進めるべきか？今のパチンコ業界では、警察もホールもメーカーもこのような根本的な指針を見失い、羅針盤なき迷走を繰り返しています。その狭間で揺れているのがイベントをめぐる「広告規制」で、目的のわからない規制強化が進んでいます。本書の最後を飾る対談には、パチンコ台とイベント出演の経験を持つ紗倉まなさんに、ここだけの裏話や理想のホール像について、ご自身のアイデアを話していただきました。

せっかくホールに行くのに告知できないのは残念です

宇佐美　この本では、パチンコ業界の過去と現状について硬い話を書いてきたんですけど、最後はやっぱり「パチンコ業界の明日を見据えた提言をしたい」と思いました。そうなった時に「私の周りで今一番全国のホールの現場を見ている人は誰か？」と考えたら、紗倉さんの顔が思い浮かんだんですよね。紗倉さんなら毎週のようにイベントで全国のホールを見て回っているし、また最近の広告規制を巡る警察と業界の混乱も肌で感じているのではと思いまして、対談をお願いさせていただきました。

紗倉　ありがとうございます。ただ、そんなに難しい話はできないですよ、私！

宇佐美　いや、それでいいんです。紗倉さんがホールの現場で肌で感じたリアルな風景や問題をフランクに聞かせていただいて、掘り下げていければ、きっと、そこから業界が未来に向けて進むべき道も見えてくると思うんですよ。やっぱり業界の外の人間で、紗倉さんほど全国のホールを見ている人はなかなかいませんし、そういう紗倉さんの視点は私のようなユーザーにとっても業界人にとっても新鮮だと思いますから。

紗倉　ではお言葉に甘えて、正直に言ってしまいますと、今の段階でも「いろいろと規制が入ってイベントをすることも難しくなってきているな」とは感じています。たしかに私はイベントでホールさんによく行くんですけど、一方で、その「イベント」という言葉自体がＮＧということになっているんですよね。

宇佐美　いわゆる「広告規制」ですよね。風営法上は「著しく射幸心をそそるおそれのある」ような広告はやらないように、という決まりがたしかにあります。最近では有名人の来店イベントもこうした規制の対象になりつつあるようですね。

紗倉　そうなんですよ。だから、私たちはあくまでも「自分のＰＲ活動のために来店しました」「自分のプロモーション活動のために取材をしに来ました」というスタンスでホールに行かせていただいてるんですよ。ホールさんもそのあたりは非常に敏感で、「出玉イベントではありませんよ！」というところは本当に徹底されていますよね。「事前に告知しないでくださいね」と言われることもあります。

宇佐美　それはさすがに本末転倒ですね。目的は集客で、紗倉さんがホールに行ったところで機械のギャンブル性が上がるわけではないですよね。

紗倉　そうなんですよ。私もせっかくホールに行くのに告知できないのは残念でなりません。別に規制されたり、咎《とが》められたりするようなことは一切していませんし、「クリーンですよ！」ということは、声を大にして言いたいんですけどね。

宇佐美　そもそもイベントが規制されたのは、昔はいきすぎだった部分があるんです。実例だと、「イベントがあります。設定甘くするんで皆さんホールに来てください！」と朝から集客して、午後になると「この台は設定6です」と発表するなんてことが日常的に行われていた。ギャンブル場がギャンブル性で集客するのだから、さすがにそれはマズかったと思うし、規制されて然るべきなんです。でも今、「紗倉さんが来店します」と聞いて、紗倉さんに会いたいからホールに来る人はいても、「よしっ、今日は玉が出るぞ！」と思う人はほとんどいないですし、いたとしてもその考え方はおかしいですよね。だってホールがウリにしているのも、お客さんが期待しているのも「紗倉さんに会える」という体験の価値なんですから、それを「射幸心をそそる」と規制しようとする当局の発想は論理も何もないと僕は思います。

紗倉　実際に私が来たところで、例えば、たくさん人が集まったとしても、そのうち、どれぐらいの人がパチンコを打っているのかはわからないんです。これは私のDVD発売イベントと大きく違うところです。私のDVDイベントの場合、購入枚数ごとに受けられる特典が違うんですね。だから皆さんにDVDを買ってもらうことが前提条件になっているんです。でもパチンコ店で

紗倉まな

（さくら まな）

AV女優、タレント、作家

1993年千葉県出身。2012年2月にSODstarからAVデビュー。同2012年10月には『ゴッドタン』（テレビ東京）の名物コーナー"キス我慢選手権"に出演し、続く2014年1月にはドラマ『闇金ウシジマくん Season2』（毎日放送）での好演が注目を集める。また、AV業界に生きる女性たちの姿を描いた自身初の小説『最低。』が映画化されるなど大ヒットを記録。パチンコホールへの来店活動も行っている。

公式HP：http://mines-pro.jp/sakuramana/

Twitter：紗倉まな @sakuramanaTeee

ヘアメイク 城江陽子

のイベントではそういうものがなくて、お金を使わなくても参加できる。つまりパチンコの消費が義務付けられていないんですよ、ここが大きく違いますね。

宇佐美　そこちょっと掘り下げてみましょう。実際に紗倉さんがやるホールでのイベントというのはどういう内容なんですか？

紗倉　まず1回、来てくださった方に並んでいただきます。そして「抽選で20名に直筆サインが当たります！」といったアナウンスがあって、その並んでくださった方に抽選券をお渡しするんですね。そして当たった方たちと、ちょっと簡易的に設けられた舞台みたいなところで写真を撮る、お話をする。そしてそのあとに「紗倉さんが今からホール内を巡回します」とアナウンスしていただいて、すべてのお客さんのところを回る。最後に戻ってきたら写真撮影があって、それが終わったあとにじゃんけん大会で景品をお渡しするっていうのが一連の流れですね。

宇佐美　自分で遊技機を打つようなことはしないんですか？

紗倉　そういうイベントもあるみたいですね。ただ私は基本、打たないでやっています。さっきお話ししたような内容でやっています。本当にパチンコの好きな女の子は自分で打つ形のイベントにしているみたいです。

宇佐美　じゃあ、ひょっとしたら、イベントの仕事で初めてホールの中に入ったんですか？

紗倉　そうですね。地元にはたくさんパチンコ店があったんですけど、あんまり女の子が自ら行く感じではありませんでしたね。基本的に男性の方が行くところで、「女の子は彼氏に連れていってもらうところ」と思っていたので、初めてのイベントの時にはちょっとびっくりしました。意外と若い女性や主婦の方もいらっしゃったんで。なんとなく「高齢者の方と若い男性が多い」というイメージがあったんですけど、自分と同じぐらいの世代の女性もたくさんいるんだ、想像していた客層と全然、違うんだなって。もちろん地域差もありますけどね。近くに大学がある店舗さんだと、大学生の方がめっちゃいたりして。

宇佐美　そういうのは実際にいろいろな地域のホールを回っているからこそわかることですよね。

コンシェルジュがいたら若い女の子たちもホールに入りやすくなる

紗倉　あとはやっぱり「音」の印象は強いですね。最初はどうしても「うるさい」というイメージがあったんですけど、そのうち「ずっと打ち続けている方には逆に、音の安心感みたいなものがあるんだろうな」っていうのをすごく感じるようになりました。あの音の中にいること自体が「体験」になり得ているというか。イベントをやる側にとってもこれは面白くて、店内の音が大きいとなかなかお客さんとの会話が成立しなくなってしまうので、そこはジェスチャーで伝えたり、耳打ちして話したり、と普段とは違うコミュニケーションをするようになるんです。これは他のイベントにはないことでちょっと楽しいですよね。

宇佐美　紗倉さんに耳打ちされるほうも嬉しいと思うんで、それ目当てで来る人もいるかもしれませんね(笑)。この本の、パチンコ業界にこうあってほしい、という提言の中に「ただのギャンブル場になってはいけない!」というものがあるんです。もちろん、お客さんはパチンコというギャンブルをしに来ているんだけど、それだけじゃなくて、そこに人との交流があって、ひとつのコミュニティが構築される。昔のホールは、そういう「場」だったんですよね。だからホールの出会いの場としての価値を考えると「有名人イベント」のような取り組みは、今みたいにガチガチに禁じるんじゃなくて最低限の規制でいいと思うんですよね。

紗倉　「場」とか「コミュニティ」としてパチンコ店を捉えるというのは、パチンコを打たない私にもしっくり来ますね。

宇佐美　自分もそれで結構、人生が変わったというか、友達付き合いとか人間関係がホールで再構成された部分もあるので、そういうコミュニティ、環境を「どうやってホールが取り戻していくのか」ということは、スマホゲームへの対抗という観点でも重要だと思うんですよね。

紗倉　私の世代だとパチンコ店はゲームセンターの延長みたいな感覚で、ちょっとした暇つぶしに行く人が多いかな、と思います。ただ、ネガティブなニュースが表立ったりすると、どうしてもそれが先入観になって、入りにくくなってきてるなぁ～、と感じています。個人的にはその壁をなくすような、コンシェルジュみたいな人がパチンコ店にいたら、若い女の子でも入りやすくなるのかなって思います！　パチンコをやったことがない人はどの台を選んだらいいかわからないし、どう打てばいいのかもわからない。そういうことを全部、相談できるコンシェルジュさんがいたら、女の子も入りやすくなるんじゃないですか？

宇佐美　昔はいたんですよ、コンシェルジュみたいな人がいっぱい。

紗倉　えっ、本当ですか？

宇佐美　地元の友達がまさにコンシェルジュのようなものだったんです。「この店は今あの台打つといいよ」と打ち方も含めて教えてくれたんですよ。そして、自分が詳しくなってきたら、今度は自分が他の友達にとってのコンシェルジュになる。そうやって人間関係の輪が広がっていった。当時はメールもSNSもなかったけど、ホール

に行けば、何人かは友達と会えた。5人もいれば、誰かは勝つから、勝った仲間が「じゃあ、今日は俺が奢るよ」って、みんなで焼肉を食べに行ったりね。そういうパチンコが形成する生活が昔はあったんですよ。それがパチンコの醍醐味だったと思うんですよ。今は個々人がバラバラで打つようになっちゃって、客同士の交流がどんどん希薄になっていく。それが新しい客を呼び込めないひとつの要因だと思うんですよね。

紗倉　もともとは個人戦的なものじゃなくて、何かを共有する「場」として足を運んでいたんですね。宇佐美さんが若い頃に経験したパチンコ店って、たぶん私の中でのイオンモールなんだろうなって。

宇佐美　イオンモール？　どういうこと⁉

紗倉　はい。イオンモールに行けば、誰か友達と会えるんですよ。そこで誰かが何かを買っていたりして、じゃあ、私も一緒に何かをしようかなって。そうやって友達との関係性の中で、何かに参加する「場」が私にとってイオンモールだったんですよ。これもコミュニティのひとつですよね。

宇佐美　そうかもしれない。〝ちょいワル〟たちのイオンモールって感じかな(笑)。その「場」としての魅力が現在のホールでは消失してしまっているんですよね。そういう「場」としての魅力を取り戻す上で、有名人イベントは大事なツールだと思うんですよね。紗倉さんがイベントで訪れるというのは「普段、会えない人に会える」ということじゃないですか？　それでホールに行ってみたら、最近、会っていない友達も来ていた、と。それで「一緒に並ぼうぜ」みたいな話になるかもしれない。そういう「会える」というところの大事さを本当はもう一度、見直すべきで、なんでもかんでもイベントは禁止という規制の仕方は、なんか変な方向に向かっているような気がするんですよ。そんな枝葉末節《しようまっせつ》なところで血眼《ちまなこ》になるよりは、遊技機自体のギャンブル性を下げてほしい。

紗倉　最初にお話ししたように、最近のイベントは来店の告知すら難しくて、なんかこう、〝腫れ物に触る〟感じで探り探りみんなやっている感じなんですよ。地域によって多少温度差はありますが。

宇佐美　例えばどういうことですか？

紗倉　今はもう完全にイベントはＮＧになっちゃいましたけど、ある都道府県では昔から厳しかったですね。イベントをする時、私はたくさんお客さんに来ていただきたいからＴｗｉｔｔｅｒで告知したかったんですけど、「店舗名は出さないでください」って言われて（苦笑）。だから「12時からすごく大きなお店に遊びに行くよ。どことは言わないけど、きっと、みんなわかるよね？」みたいな（笑）。その時は一日で3店舗を回ったんですけど、2店舗目は「名前を出して告知してもいいです」と言われたので、急に告知が具体的になるんですけど、ファンの方も温かくて「あぁ、言えないんだね。わかる、わかる」ってリプライで。

宇佐美　まったく意味のないことしてるよね。そんなのギャンブル依存症対策にもならないし、なんのためにしてるかまったくわからない。

紗倉　でも、来店自体はすごく楽しませてもらっています。私のＤＶＤイベントだったら、本当に熱心なファンの方たちが、それこそ全国から集まってくれるわけじゃないですか？　熱意も好意もすごく感じやすいんですよ。でも、ホールでのイベントの場合、私にまったく興味なさそうに打っているお客さんもたくさんいて。ホールを巡回しながら、挙手してくださった方と写真を撮ることもあるんですけど「興味はないけど、別に撮ってもいいよ」みたいな。本当にホールで触れ合う方たちは、なんていうんですかね、いつもホールに流れている空気の一部に私がいただけのようなラフな感覚なんですよね。私のことを知らない方に認知してもらったり、ライトユーザーの

方が、よりコアなファンになってくださるきっかけになっていると思います。

宇佐美　ホールも集客ができて、紗倉さんもファンを新規開拓できる、という意味では「WIN-WIN」なんですね。

紗倉　そうです、そうです、本当にそうです！　これはパチンコとAVがリンクしている業界だからかもしれませんね。リンクというか、どちらも〝グレーゾーン〟的な部分があるじゃないですか？　だからこそ潤滑剤になれたのかもしれません。AV女優さんの台もあるので、そこで私のことを知ってくださって「あっ、この台の子だね」と声をかけてくださる方もいて。ただ、イベントでも「私が出ている台をお願いします」

とは言えないので、それはちょっと残念ですね（苦笑）。むずがゆいですけど、そのあたりはどのホールさんも徹底しています。

パチンコ台の撮影は実はハズレシーンが大変！

宇佐美　規制当局の考え方がおかしくなっちゃっているよね。ギャンブル依存症対策という意味では、マスメディアに対する広告はやめるべきだと思うんですよ。例えば、依存症の方がせっかくパチンコを止めようとして情報を摂取しないようにしているのに、テレビでパチンコの情報が目に入ってしまうとそれを機にスリップしてしまうことになりかねない。だからマスメディアを通じての広告はマズいんですけど、商売である以上、広告は不可欠なのも十分わかるんですよ。だからインフルエンサーマーケティングみたいな形で決められた層に対してSNSを通じて広告する分には、それはやっていただいていいと思うんですね。そ

れを見るのが嫌ならフォローを外すなり、ミュートすればいいわけですから。ただそれでも問題が生じちゃうことはあるかもしれないので、「ちゃんとギャンブル依存症対策はしてくださいね」というのがこっちの立場なんです。でも現状はこうした考え方の整理がないまま、無闇に意味のない規制強化ばかりしている。これじゃ業界のためにもならないし、ギャンブル依存症対策にもならないし。何がしたいのってお話を聞いて思いました。そういえば紗倉さんは『ジューシーハニー』シリーズ（サンセイR&D）に出演されていますよね。

紗倉　『ジューシーハニー』というAV女優さんがたくさん出ている台がきっかけで、

私のことを知ってくださった方も多くて。パチンコを通じて、顔と名前が一致して、知り得てくださる。『ジューシーハニー』は第2弾まで出ているんですけど、第1弾は私がデビューして1年ぐらいの時だったので、お話をいただいた時には本当にびっくりでしたし、すごく光栄でした。ただ、撮影がもう泣くほど大変で……。

宇佐美　えっ、どういうことですか？

紗倉　私は女子の集団が苦手っていう元の気質もあって、20人ぐらいでロケをしたこと自体が大変だったんですけど(苦笑)、メーカーさんは皆さんが思っている以上に、映像に矛盾が生じないようにこだわって作っているんですよ。例えばひとつのシーンを何回かに分けて撮る場合、「さっきとブレスレットの位置がちょっとズレているから、元の位置に戻して！」みたいな指示をされる。それが2か月ぐらい続くんで、こっちも真剣です。体型も維持しなきゃいけないから大変ですよね。当たり前ですが、大当たりよりもハズレのシーンのほうが多いので、ハズレる時の映像って実は何十パターンも撮るんですよ！　お客さんからしたら、ハズレるのは嫌かもしれないですけど、そこまで苦労して撮影しているので「すべてのハズレのパターンもちゃんと見て！」とアピールしたくなりますね(笑)。

宇佐美　紗倉さんが出演している『ジューシーハニー』シリーズはそんなにギャンブ

ル性の高くない、いわゆる遊べる台なので、そうやって演出を楽しむには適しているのかもしれません。「ハズレてもいいか」「あの子で当てたいな」ぐらいの心の余裕を持って楽しめるような台がもっと増えて、バラエティに富むようになれば、ホールのムードもかなり変わってくると思うんですけどね。

紗倉　いろんな選択肢が増えるっていうことですよね！　そういう意味では私に会いに来てくださる方もいれば、私なんかには目もくれずに打つ方もいて。いいですよね、打つことだけじゃないっていう、視点の切り替えになるイベントみたいなのがあるのって。楽しんでくださる方もいれば、「うるさいなあ」と怪訝そうな顔をされる方もいますが、だいたいの方は「頑張ってるね」って感じで接してくれる……すごくハートウォーミングなんですよ、パチンコ店さんでのイベントって。

宇佐美　まあ、怪訝そうな顔をしている人も本当は気になっていて、チラチラ見ているはずですよね（笑）。

紗倉　ＡＫＢ48さんのパチンコ台が出た時に、「普段はホールに来なかった方でもＡＫＢさんの演出を見たいがために、めちゃくちゃいろんな人が来た」っていう話を聞いたんですけど、そうやって新規参入するチャンスはあるんですよね。その流れって、すごくいいなと思っていて。ただいろんな事情でパチンコ台を出せない人もいると思うので、どんどん出せるＡＶ枠っていうのは、めっちゃありがたい限りだなと思います。

宇佐美　パチンコ店を巡回して感じたことはありますか？

紗倉　こんなに女性のお客さんが多いんだから、もっと女性が打ちやすい台とかもあったらいいのにって思います！　あとは、パチンコ台自体にゲーム性をもう少し入れてもいいのかな、と。今は手でハンドルを動かすだけじゃないですか？　じゃあ、足で音ゲーみたいなことを楽しめるとか。そういったものをプラスアルファしていくことで、もうちょっと楽しめるのかなって気がします。あと、お財布事情というか、その人のお財布の調子に合わせて選択できる台が増えていくのもいいですよね。そのほうが偏りづらいというか。ちょっと余暇があって、のんびり打ちたい人もいれば、数千円とかでずっと長時間、回し続けたい方もいるでしょうし。より多くの人が楽しむためには、いろんな選択肢は必要だと思います。

もっとオープンな形で
イベントが盛り上がれば
パチンコのイメージも変わる

宇佐美　私も選択肢を増やすことは大事だと思いますね。今は似たような台ばかりですから。

紗倉　ホールの中を巡回するので、いろんなものがよく見えるんですよ。１０００台以上ある大きな店舗さんでも、すべての台を回るので「ここはよく声がかかるゾーンだな」とか「あれっ、有名な台なのに、あんまりお客さんがいないな」とか。私が来店しているのに、お客さんが少ないのは申し訳ないな、と責任を感じたり……。

宇佐美　それは仕方ないですよね。十分に来店の告知すらできないんですから。紗倉さんの話を聞いて、改めて思いましたけど、広告規制は本当に迷走してますよね。世の中から本質じゃないところで批判されているから、自分で自分を勝手に規制して「これでいいでしょ？」って言っているような状況なんだけど、いや、こっちはそんなこと求めていないよ、と。もっとギャンブル性のほうをなんとかしてくれよと。

紗倉　パチンコ業界の方々も道筋やゴールが見えないから、手探りになっているところもあるんでしょうね。

宇佐美　業界として問題をきちんと把握して、外部の知見も入れて議論を積み重ねて、対策の方向性を固めて、「必要な規制をして、必要のない規制はしない」という当たり前のことをしてほしいですよね。業界の内部と警察だけの閉じた空間で議論をしていても、有効な手立ては打てないし業界の未来はないなって思います。

紗倉　文化としてはやっぱり変えたくないところと、でも、変えたほうがいいところってあると思うんですよ。そこの線引きについては、私も最近知ったことが多いので、まだまだわからないこともたくさんあります。例えば有名なゲームとタッグを組んで、そのパチンコ店へ行ったらもらえる限定キャラがあるとか、そういうプラスアルファがあれば、パチンコ店に行く理由も増えるじゃないですか？　女性目線で言うと、ホールのフードコーナーをもっと充実させてくれたら、それだけでかなり状況が変わってくると思います。景品も今言ったようにそのお店に行かないともらえないものとか、お化粧品だとかもっと実生活に寄り添ったものがあればなぁ～って。可能かどうかわからないですけど、牛丼屋さんで裏メニューを出してもらえるチケットとか。そういう健全な景品で、かつ、そこでしか手に入らないものがあれば私は通いたくなると思います！

宇佐美　そういう世界観って、パチンコのギャンブル性がもっと低くなれば、現実味が増してくると思うんですよ。今はみんな換金のために特殊景品と交換しているんだけど、例えばパチンコが一日でせいぜい5000円ぐらいしか勝てないものになれば、当然、景品の需要も高まってくる。昔のお父さんたちがタバコや缶詰をたくさん大きな茶色の紙袋に詰めて帰ってきたように。

歴史的経緯から見ても、ギャンブル性が上がりすぎて、景品では交換しきれなくなったから、景品交換がメインじゃなくなって換金が広まったわけで、パチンコ業界がそういう原点に帰って「世間と調和していこう」という意思を見せれば、世間も認めると思うんですよ。

紗倉　それを受け入れてくれる人がパチンコ業界の中にいて、お客さんも本当に楽しんでくれれば理想的ですよね。そういう方向で業界が動くことってないんですかね？

宇佐美　現状では考えにくいですね。むしろ逆です。もし、さらに規制が進んで、ホールでの来店イベントが全面的に禁止になったら、どう思いますか？

紗倉　それは、八方塞がり感がありますよね。もともと私がいる業界もパチンコ業界と同じく規制が厳しくて。自分たちの活動する場所、日の目に当たる場所がすごく少なくなっているという窮屈さは年々、感じています。そもそも、パチンコ屋さんへの来店っていうのは、私たちの中でひとつのステータスになっているんですよ。やりたいって言っている子もたくさんいるし、お声がかかるようになったら、自分の中でひとつ階級が上がるというか、「少しは認知度が上がったんだな」という指標にもなるので。目に見えて評価されることが難しい世界なので、評価が可視化されるパチンコ店でのイベントがなくなったら、本当に寂しいです。私たちにとって、数少ない、社会との接点でもあるので。

宇佐美　なるほどー。

紗倉　お仕事としても、本当にやりやすいんですよ。どの店舗さんもよくしてくださるし、楽屋の周りにウエルカムボードを作ってくれたりもするんですよ。

宇佐美　そういう部分は表に見えないのですが、なんかハートフルで業界のイメージ変わりますね。

紗倉　もうひとつ、パチンコのイベントは(AVへの出演)歴が長い人のほうが集客力があるんですよ。やっぱり歴の長い女優さんのほうが知っている人が多いんでしょうか。なんか、唯一、若い子に勝てるみたいな(笑)やりがいを感じますよね。地道に頑張ってきた甲斐があったなと喜びを得ることができるんですよ。認知度が自分の芸歴、歴数と関係あるんだということをパチンコ店でのイベントをやるようになって、痛感しました。だから、これからも続けていきたいですし、もっとオープンな形で盛り上

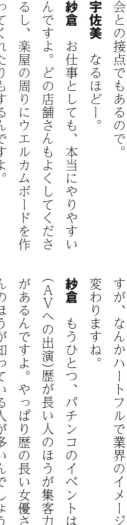

がるようになればいいな、と思っています。

それでパチンコ業界の印象が変われば、本当の意味でＷＩＮ-ＷＩＮの関係が築けるんじゃないですかね。

第5章

パチンコ業界はこれからどうすべきか

～〝グレー産業〟からの脱却を！

◉ユーザーとして、元官僚としてパチンコの未来へ提言

最後となるこの章では、いよいよ「パチンコ業界のこれから」について考えていくわけだが、こうした大きな問題をどのような視点で考えていくか、ということはなかなか難しい問題だ。

急激な市場縮小、ギャンブル等依存症対策基本法とＩＲ（推進・整備）法の成立という大きな変化を前に、パチンコ業界としては大きく変革していかなければ存続さえ危ぶまれることは明らかである。

他方で正直なことを言ってしまえば、私にこのような大問題を考える資格があるか、また答えとは言わないまでも、「答えにつながるヒント」というものを持っているかどうか我ながら疑わしいのだが、そこは割り切って、これまでの議論を復習しながら、私なりの視点で見えるパチンコ業界の課題と将来について語っていこうと思う。

ということで議論はそもそも「私」こと「宇佐美典也」という人間は何者で、パチンコ業界をどう見てきたのか、という点に戻ることになる。

①まず私はパチンコ業界の人間ではない。むしろパチンコ業界に対して長年、部外者として

て接してきた。率直に言ってしまえば、これからパチンコ業界が発展しようが、衰退しようが、おそらく私には直接的な影響はそれほどない。だからこれから私が語る内容は「業界と直接な利害関係のない部外者から見たパチンコ業界の将来のあり方」ということになる。

②続いて、「ではそういう業界の部外者の私が、これまでどういう立場でパチンコ業界と接してきたのか」ということについて考えよう。

まずはユーザーとしての立場である。一応、私はパチンコ・パチスロに親しんで20年近くになるユーザーである。近年はたまに仕事の合間に打つ程度になったとはいえ、一時期はホールの開店前の列に並ぶ程度にはヘビーユーザーであった。これに加えて、2013年以降は「ギャンブル依存症問題の支援者」という立場で、業界を批判的な立場で批評するような活動もしてきた。パチンコ業界の方には「うるさいことを言う奴だ」とずいぶん嫌われたかと思う。したがってこれから私が語る内容は、「ギャンブル依存症に問題意識を持つユーザーが語るパチンコ業界の将来のあり方」ということになるだろう。

③最後に私自身の能力の問題として、「そもそもお前はどのような点において、偉そうにものを語れるほど、人と比較して秀でている能力・知見があるのか」ということについても考慮する必要があるだろう。この点については自分で言うのは多少おこがましいが、「制

度に関する知識」ということになるだろう。私はかつて官僚としていくつかの法制度の設計に携わったし、また独立した今も企業に対して制度分析を軸にしたコンサルティングをしており、少なくともこうした知識で飯を食っていけるくらいには人に比して優れていると言ってもいいだろう。したがってこれから私が語る内容は必然的に「制度のあり方」に主眼が置かれることになる。

そんなわけでこれから私は、

「業界と直接の利害関係のない、ギャンブル依存症に問題意識を持つユーザーが、制度のあり方に主眼を置いて考えたパチンコ業界の将来の進むべき道」

と難しい問題ではあるのだが、パチンコ業界の将来について、田中紀子さんと紗倉まなさんとの対談で語ってきたことも含めて、こうした視点ならばそれなりに業界の人々にも役に立つ提言ができるのではないかと思う。

◉「楽しいギャンブル」と化してしまったパチンコ

まずは私が部外者として見てきたパチンコ業界について、これまでの復習をしながら語ってみよう。

私がパチンコを初めて打ったのは2002年のことだった。初めから「なぜ日本ではギャンブルが禁じられているはずなのに、これほど堂々と実質的なギャンブル場が各地で運営されているのだろう」とパチンコに興味を惹かれ、大学のレポートのテーマにしたこともあったが、当初はごくたまにホールに顔を出す程度だった。それが本格的にホールに通うようになった理由は、友人たちの影響と爆発的なギャンブル性を持つAT機とST機の魅力との半々だったように思う。パチンコホールは小学校卒業後にバラバラになった同級生がまた集って「ちょっと悪いこと」を楽しむような場だった——と序章では綴った。

この当時のパチンコ業界をデータで振り返ると、2000年代前半の活況の入り口だった。その主たる要因は、AT機、ST機だったことは間違いないだろう。私はユーザーとして『北斗の拳』やら、『吉宗』と同じくビッグ711枚の1ゲーム連が期待できる『主役は銭形』(平和)やら、キャラクターもののギャンブル性の高い機種に熱狂していたわけだが、これをホールの視点から見ると、ギャンブル性の上昇による客単価の上昇と、コンテンツの取り込みとゲーム性の向上による新規客の開拓ということだったのだろう。

2002年から2005年にかけては、パチンコ業界では平均客単価が140・3万円から203・9万円と45・3％伸びており、他方で遊技人口は2170万人から1710万人と減少して、結果として売上は30・4兆円から34・8兆円までに拡大している。この辺りの統計は必ずしも厳密なものではないのだが、それでも大きな傾向としては、ギャンブル性が上がりコンテンツ重視の機械が増えパチンコ・パチスロの遊技としての性格が変質する中で旧来のユーザーが退出し、新しいユーザーが流れ込み、結果として業界は活況を呈したということなのだろう。私もこの時に流れ込んできた新しいユーザーのひとりだった。

一方で、こうしてパチンコがギャンブル性を増し、アニメやコンピューターゲームのコンテンツと連動したゲームに昇華していく中で、「楽しいギャンブル」となったパチンコにのめり込むユーザーが増え、ギャンブル依存症問題は徐々に深刻化することになった。私の周りにも、パチンコにのめり込みすぎて社会生活から落伍し、サラ金、ひいては闇金などに手を出して数百万円単位の借金を抱えるような人間も多数出た。これは携帯ゲームにも共通する問題だが、パチンコも含め課金が必要な(広い意味での)ゲームのエンターテインメント性を増すことによって生じる問題については、そろそろ社会が真剣に対策を考えるべきように思う。「楽しいギャンブル」というのはやはり危険なのだ。今振り返れば、「ゲーム性を上げるなら、レートを低くしてギャンブル性を下げる」といった対策が本来は必要だったのだろうと思う。

案の定、ＡＴ機とＳＴ機はあまりにもギャンブル性が高すぎるということで規制がかかった。２００５年以降段階的に撤去されることになり、ユーザーという立場では、残念に思いながらもホッとしたところもあった。

他方、ＳＴ機が撤去された２００８年頃から感じたのは、演出の活発化で「やたら演出が激しくていかにも大当たりしそうなのに、全然当たらず、いつの間にか玉（メダル）もお金も尽きている」というイラつきを覚えることが多くなったことだ。ただ逆に「演出を楽しもう」という意識でこの頃から、徐々に広がり始めた「低貸玉営業（１パチ、５スロ）」に流れることも多くなったのも思い出される。なお私がこの頃よく打っていたパチンコ機種はエヴァンゲリオンシリーズだった。

◉悲願の「ギャンブル等依存症対策基本法」成立

２０１０年代に入ると顕著に感じるようになったことは、「ホールのお客さんが随分減ったな」ということだった。これはデータでも確認でき、２００９年から２０１３年にか

けてユーザー数は1720万人から970万人にまで減少している。この原因はさまざまあり、

・2010年には貸金業法の改正が施行され、「総量規制」が導入されてサラ金からの借金でパチンコを打っているような不健全なユーザーは排除されるようになったこと

・2011年の東日本大震災以降はいわゆる社会の「自粛ムード」に流され、広告規制も強化されたことでユーザーが「不要不急の遊び」であるパチンコをしづらくなったこと

などが挙げられるだろうが、これらに関してはそもそも借金でギャンブルしているようなユーザーはギャンブル依存症である可能性が高く、こうしたユーザーから搾り取る営業をしていた業界側にこそ大きな問題があるし、また、そもそも社会の「自粛」の雰囲気で離脱するようなユーザーは、パチンコをやめるきっかけをもともと探していたような人が多かったのではないかと思う。

そう考えると、**やはり一番の影響は携帯ゲームの台頭だったのだろう**。私は携帯ゲームを始めたのは遅いほうで、有名ゲームの『パズドラ』などを多少嗜《たしな》む程度であったが、携帯ゲームとパチンコが同じような興奮を提供してくれる代替関係にあることは理解できたし、また財布の中でも競合しているということはよくわかった。

結果的にパチンコをある程度打つ習慣を持っており愛着を感じていた私はパチンコを選んだのだが、そもそもパチンコを打つような習慣がない20代の若年層がよりアクセスが容易で、文化的にもフレンドリーなコンテンツが多い携帯ゲームを選ぶのは当然の成り行きであったろう。

こうなると、**パチンコ業界は売上を維持するため、客単価を上昇させるためにあの手この手でギャンブル性を上げようとするようになる。**演出も一段と過激さを増した。私の心がパチンコから離れ始め、業界に大きな疑問を持つようになったのはこの時期だった。

こうした心情の変化もあり、2014年頃から私はギャンブル依存症対策のロビイングの支援活動に取り組むようになった。ちょうどこの時期はパチスロであればサブ基板の不正利用なり、パチンコであれば釘を利用した不正改造なり、幸か不幸か業界側が隠したい「脛の傷」が多い時期で、ある意味でロビイングがしやすい環境が整っていた。こうした環境もあり、また2015年以降はカジノ合法化の議論が活発化したことで、ギャンブル依存症問題は徐々に社会的注目を浴びるようになり、2018年になると、カジノ法案が成立する一方、悲願であった「ギャンブル等依存症対策基本法」もまた成立するに至った。パチンコに関しても風営法施行規則が大幅に改正され、規制強化されることになったことは業界関係者なら誰しも知るところであろう。

まだまだ課題は残っているものの、私としてもロビイング活動がいち段落し、そろそろいちパチンコユーザーという立場に戻りつつあるのだが、今になってパチンコホールに行ってみると、過激化した演出、長時間化した大当たりを前に、楽しみを見いだすことが困難になっている自分を感じている。最近では短時間でシンプルに楽しめる、いわゆる〝羽根モノ〟しか打たなくなってしまった。

皮肉な話で私と同じ感覚を持っているパチンコファンも多いようで、羽根モノコーナーはお客さんでにぎわい始めている。最新技術を駆使した液晶演出をこれでもか、とアピールしてきたパチンコ業界の行きつく先が、昭和の時代からホールの片隅で踏ん張ってきた羽根モノになるとは誰も予測していなかっただろう。さりとて羽根モノに過去回帰したところで、業界を支えるような力はないことも理解しており、「この業界は一体これからどうしていくのだろう」と部外者ながら心配に思っている。

●パチンコ業界が抱える問題①「携帯ゲームの登場」

とまぁ、私とパチンコ業界の関わりを改めてざっくりと書いてきたわけだが、こうしたこれまでの経験から感じるパチンコ業界の現在の問題というのは大きく3つある。

まずひとつ目は**「コミュニティの喪失」**である。

かつて私にとってパチンコホールは、パチンコを楽しむと同時に、仲間と集う場所であった。「パチンコホールに通う」ということ自体が、いわゆる「ちょいワル」のブランディングとして成立していた。今振り返ると恥ずかしい話だが、東大に通うようないわゆる〝エリート候補(笑)〟だった私はそういう不良の世界に憧れがあった。2004年に公開された『下妻物語』という映画の名作があるが、その中で土屋アンナ扮するスケバンがわずかな金を握りしめてパチンコホールに入場すると、タバコをくわえた強面《こわもて》の悪い男たちが一斉に振り向き、そこに尾崎豊の『十七歳の地図』が流れてきて「尾崎か！　負ける気がしねぇぜ」と言うシーンがある。これは当時のパチンコホールの雰囲気をよく示していたと思う。パチンコホールも今ほど忌み嫌われる場ではなく、社会が仕事の息抜きの場としてのパチンコホールの必要性をある程度理解していた。

残念ながら今のパチンコホールにはそうしたヤンキー、不良文化に根ざしたコミュニティはほとんどなくなってしまい、**時間を持て余した高齢者と暇つぶしのサラリーマンが、**

関わりもなくバラバラにギャンブルに挑む〝鉄火場〟となってしまっているところがある。客も減り、コミュニティの魅力は、すっかりなくなった無味乾燥な場と化してしまった。スマホを見ながらパチンコやパチスロを片手間でやっている姿も目にするほどだ。ひと昔前は、常連同士でお菓子やオニギリを差し入れしたり、パチスロを目押ししてくれた若者に高齢者が御礼にジュースを渡すという、変な言い方になるが〝朗《ほが》らか〟な日常がそこにはあった。開店前の行列では「今日はあの台が狙い目だ」「最近、店長が変わったよな」なんていう会話も垣間見られたものだ。そんな風景が喪失してしまったことは、**〝社交場〟としてのパチンコホールの魅力を大幅に損なってしまったような気がする。**これではホールの魅力は半減してしまう。

パチンコを通して、どのようなコミュニティを作り、どのように地域社会に理解を求め、還元していくか、ということを、業界は今一度考え直す頃合いに来ているように思う。これは戦後パチンコ産業が社会的に問題視され存続の危機に陥った時に、「敗戦という有史以来の大打撃を受け、経済的、精神的に暗澹《あんたん》たる無気力な状態にある時、ぱちんこ遊技が多くの人のリクリエーションとなり、娯楽となって、明日への意欲を奮い立たせたこともあったと思われる」として政府が業界の存続を認めた、〝業界の原点〟に帰ることに他ならないことのように思う。

このような視点は、スマホゲームとの競争の中でパチンコの新規ユーザーをどう獲得していくか、ということにも関わってくる。

繰り返しになるが、現在のパチンコ業界では、40歳代以下の若年層のホール離れが急速に進んでいる（※40）。この要因はさまざまあるがその大きなものは、いわゆる「課金ガチャ」に代表される、**ギャンブル的要素を取り込んだスマホゲームに若年層の消費が回っていることが指摘されている**（※41）。パチンコ業界が若年層を呼び込むためには、家でいつでも、場合によっては無料でできるスマホゲームと戦って勝つ必要がある。そのためには、スマホにはないリアルの場でなければできない体験を、パチンコホールは提供していかなければならないだろう。

もちろん第一には魅力ある遊技機を提供することが大事なのであろうが、ゲームそのもののみの魅力だけでスマホゲームに圧倒的な差をつけるのは難しく、やはりバーチャルではないリアルな空間だからこそ提供できるコンテンツというものをより多く生み出してい

※40　https://amusement-japan.co.jp/article/detail/10000217/
※41　https://gamebiz.jp/?p=54079

く必要性があるだろう。

この点、私個人としては、パチンコホールにあってスマホゲームにないものは、**リアルな人間のコミュニティなのではないかと感じるところだ。**先ほど述べたように、かつてのパチンコホールには「ちょいワル」たちが集まるコミュニティがあった。パチンコホールは、ただパチンコをするだけでなく、そこを起点として人間関係が築かれる場所だった。今はたしかに女性も増え、ホールもキレイになり、トイレはいつでも清潔で、椅子も背もたれ付きの豪華な仕様になった。こうなると、かつてのような「ちょいワルコミュニティ」をもう一度パチンコホールに呼び戻すことは難しいだろう。ただコミュニティ形成という観点で見た時、新しい芽としては近年アニメコンテンツを題材とした遊技機が増えてきたこともあり、いわゆる「オタク層」がパチンコに興味を持ち始めたことは、なかなか興味深かった。

昨今ではコンテンツ確保のためにパチンコメーカー自身がアニメのコンテンツ作成に出資する事例も増えてきているくらい、アニメ業界とパチンコ業界の関わりが深くなってきている。とは言え、依然としてパチンコはオタク層にとっては、資金的にも文化的にもハードルが高いようで、まだまだ十分に浸透していないようだ。オタク層をもっとパチンコホールに呼び込み、コミュニティを形成するように業界全体が取り組んでいくような方向性は面白いのではないかと個人的には思い、AKB48などの台の動きには注目していたのだが、オタク層は「お金が減るかもしれない」というリスクを嫌い、「手元にあるお金でアニメのグッズやDVDを確実に購入したほうがいい」という至極真っ当な考え方をしている人が多いらしく、残念ながらパチンコには馴染まなかったようだ。やはり今のパチンコは、多くの人を呼び込むには消費額が大きすぎる。

ただ、オタク層はパチンコメーカーが映画の製作にお金を出してくれたり、深夜のアニメ番組の放送枠をスポンサードしてくれていることには感謝しており、パチンコに対する嫌悪感はかなり薄い、と聞く。それは製作者サイドも同様で、そのあたりの感覚を上手く利用し、またギャンブル性を低くしてパチンコの敷居を下げることで、新たなコミュニティが創出される可能性は残されているように思う。

いずれにしろパチンコ業界としては、スマホゲームに対抗していくためにも、改めてコミュニティを形づくってリアルな場としての魅力を高めていくことが不可欠であろう。逆に言えば、リアルなコミュニティの重要性は、スマホゲームの側もよくわかっていて、それだからこそ『ポケモンGO』のようなゲームが作られたのだろう。ただ、先の対談にて紗倉まなさんが述べたように、どのようなユーザーがホールに来るかは、地域ごと、店ごとに大きく異なっており、画一的な答えはなくなっている。そう考えると答えはひとつなのではなく、むしろひとつひとつのホールの店長が、ホールという場をどのようにプロデュースしていくか、ということを突きつめることこそがパチンコ業界の未来を形づくっていくことになるのだろうと思う。後述する「広告・営業規制」についても、そのような視点から、柔軟化を業界として働きかけるべきだと思う。

◉パチンコ業界が抱える問題②「ギャンブル依存症」

続いてふたつ目は、そろそろ「パチンコはギャンブルであるかどうか」という論点に本当にケリをつける必要性があるのではないか、ということだ。

誰しもが知るところであるが、現代ではパチンコは実質的にギャンブルである。ただそうでありながらも制度上はギャンブルとはされず、「遊技」と扱われてきた。この背景には、もともとパチンコは金銭をかけない庶民のゲームだったものが、徐々に遊技機の性能が向上して時間当たりの発射玉数が増えてギャンブル性を増していき、そうなると必然的に勝利した時の景品がユーザーの手に余るようになり、そこに目をつけたヤクザがタバコを使った換金システムを生み出した、という経緯がある。

このようにパチンコは景品を獲得としたゲームが徐々に技術的に発展する中で、自然発生的に生まれてきた事実上の〝準民営ギャンブル〟で、政府としても射幸性基準や三店方式といった風営法の枠組みで行われる限りは〝グレーゾーン〟として見逃す方針を採ってきた。こうした状態はギャンブルと言えば公営のものしかない状態であれば、ある種の必要悪、グレーゾーンとして持続し得るものであったかもしれない。

しかしながら、２０１８年に入り、〝本当の〟民営ギャンブルであるカジノがＩＲ整備法の成立で認められることになったことにより、状況は大きく変わった。ＩＲ法の枠組みでは、カジノはあくまで統合型観光設備の一部として位置付けられ、面積や運営に関する厳しい要件や地方議会の議決などの手続きを経なければ開くことができず、また通常の税金に加えて、納付金を納める義務もある。これを風営法の簡単な手続きさえ満たせば容易に営業可能な今の〝準民営ギャンブル〟としてのパチンコのあり方と比較すると、あまりにもバランスが悪く……というより不公平で、この状況が将来にわたって続くとは考え難い。

現実にはパチンコからギャンブル・換金の要素をまったくなくすことは不可能で、そんなことをしたら業界が即時に壊滅するだろうが、少なくとも当座の対応として、「パチンコはギャンブルの要素はあるけれど、ギャンブルと呼ぶにはギャンブル性が低すぎるよね」と、〝準ギャンブル〟と世間から認識されるくらいには、ギャンブル性を大幅に抑制する必要性があることは間違いないだろう。

例えば、雀荘で行われる麻雀に現金がかけられていることを知らないものはいないが、世間からこれをことさら非難する声が上がらないのは、その金額がパチンコに比べればずっと小さいからに他ならないだろう。私の感覚では雀荘で動く金額というのは、学生だと標準的な「点サン」で、せいぜい時間当たりパチンコの5分の1〜10分の1程度で、いわゆる「1パチ、5スロ」に満たない程度であると思う。

振り返ってみれば、パチンコ業界のギャンブル化が本格化したのは1990年代以降のことである。前述のとおり、当時の警察庁は平沢勝栄保安課長の陣頭指揮のもとで、パチンコ業界から北朝鮮の影響力を排除しようという取り組みを積極化してきた。その手法として取り組まれたのがCR機の導入によるプリペイドカード構想で、CR機普及のためのいわば〝アメ〟として大幅なギャンブル性の向上をCR機に認め、パチンコのギャンブル化が進んだわけだが、**業界としては最低限、それ以前の水準にまでギャンブル性を引き下げる必要性があるだろう。**

具体的には、１９９５年段階ではパチンコは、市場規模が30・９兆円、遊技人口は２９００万人程度で、平均客単価は１００万円ほどである（※42）。１９９０年段階では市場規模16・９兆円で、手元に正確なデータはないのだが、遊技人口が２０００万人程度だったと考えると平均消費額は80万円強ということになる。業界では現状しばしば平均客単価が２００万円を超えることもあることを考えると、**少なくとも平均客単価を現在の半分程度にするくらいにまではギャンブル性を落としていく必要性があるだろう。**

個人的にはキリがいいところで、「平均客単価が１００万円」というところがひとつのラインになるように思える。２０２５年頃に見込まれるカジノ開業までには、このレベルに平均客単価を抑え込む必要があるだろう。

こうして、ギャンブル性を下げた上で、さらに他のギャンブルと同様に、通常の納税に加えて地域社会へどのような文脈で利益を還元し、貢献していくかを考えていく必要性もある。もちろん、「脱税の根絶」に関しては言うまでもない。

その意味では、これまで見て見ぬ振りをしてきた「ギャンブル依存症問題」と真摯に向き

※42　http://www.nichiyukyo.or.jp/gyoukaiDB/m6.php

合うことがパチンコ業界に最も求められることになるだろう。ギャンブル依存症の7〜8割がパチンコ依存症であることの責任を、パチンコ業界は考えなければならない。私がこう言うと「現在でもギャンブル依存症対策をしている！」と業界側は主張するかもしれないが、これまでのパチンコ業界のギャンブル依存症対策は業界の中だけで取り組まれる、クローズドかつ内向きで画一的・中央集権的なものだった。

例えば、業界として相談センターを設けて、業界として標語を決めて、業界としてポスターを作り、業界として従業員教育に取り組む……などという具合である。パチンコホールの本業はあくまでホールの運営であってギャンブル依存症対策ではないので、これでは効果も上がらず、なおかつ本業に支障すら生じかねないアプローチである。**今後は地域ごとにその実情に合わせて、外部のギャンブル依存症対策の専門機関・支援団体と連携して、オープンかつ組織横断的でそれぞれの地方の実情に合わせて対応ができる分権的な体制を取っていく必要があるだろう。**

また、そもそもギャンブル依存症対策というと業界人は「政府に言われて無理やりやらされている」というネガティブなイメージを持ちがちだが、今後、パチンコ業界が持続可能な営業を続けるためには必要不可欠なものである。

先に述べたように、今後パチンコ業界は平均客単価を下げていかざるを得なくなる。そうなるとどうしても、「ユーザーを増やしていく」、少なくとも「減らさないこと」を経営の主軸として考えなければいけなくなる。もはや20兆円という規模すらキープすることは難しくなりつつある業界だが、10兆円規模を保つためには最低でも1000万人の遊技人口をキープする必要がある。そうなると新規ユーザー獲得の努力ももちろん、何よりも今いるユーザーをキープし続けることが重要であり、その文脈において「持続可能で適正な遊技」をユーザーにし続けてもらうためにも、「ギャンブル依存症対策」は非常に重要な取り組みになるだろう。この点については先の『ギャンブル依存症問題を考える会』の田中紀子さんとの対談において具体的な論点を述べているので改めて参考にされたい。

◉パチンコ業界が抱える問題③「警察庁との癒着」

最後に挙げるのは、「警察庁とパチンコ業界の曖昧かつ持ちつ持たれつの関係の清算」である。これまで度々述べたように、パチンコ業界は風営法によって監督されており、警察庁が所管官庁となるのだが、両者の関係性はおよそ法治国家らしからぬものだ。

警察とパチンコ業界は2000年代に入って以降、「パチンコのギャンブル化を進めようとする業界」と「業界の動きを牽制しつつも、最終的には黙認して、ほとんど処分を下さないままことを納める警察庁」という関係にある。そして当然、その背後には天下りネットワークが広がっている。**このような警察とパチンコ業界の関係はまさに「癒着」と呼ぶにふさわしい。**

実例として、第3章で説明した不正釘問題を復習しよう。この問題は、パチンコメーカーが不正に試験を突破して、性能を改変した状態で出荷し、パチンコホールがさらに釘を改変してギャンブル性を上げて客に提供する、という業界ぐるみの不正だった。この問題が発覚したのは、警察の指示に基づいて行われた業界団体の検査だったが、その結果は「検査した遊技機がすべて違法機」という衝撃的なものだった。

警察は、おそらくはカジノ法案の成立の下準備としてギャンブル性を上げ続けるパチンコ業界の対応を牽制するために検査を行い、この問題に手をつけたのだろう。あまり褒められたきっかけではないが、とは言え問題に取り組んだ以上は、法律に則《のっと》って信賞必罰を徹底すべきであった。しかしながら、この問題を納めるにあたっては、いかにも警察らしく、法律に基づいて公正な処分を行うという手法ではなく、パチンコ業界と裏で交渉して、ギャンブル性の高い機種を撤去させることで落とし所をさぐるという手法を取った。**動機も不純であれば、手法も不適切であるという、まさに癒着の構図である。**

その過程において、こうした国民の目に見えないところで警察庁と業界が内密に交渉して閉鎖的に物事を進める構造に、国会というオープンな場から一石を投じたのが高井たかし議員だった。高井議員は国会で、当時国家公安委員会のトップを務めていた河野大臣に論戦を挑み、ふたりの議論は不正釘問題の処理方針に結果的に大きな影響を与えることになった。しかしながら最終的にはこれだけ大きな問題であるにもかかわらず、関係者はほとんど処分されず、また「法令順守を軽視する業界のガバナンスの歪み」という本質的な問題に関する議論がほとんど行われないまま、問題は「不正機の早期撤去」という玉虫色の形で終焉を迎えることになった。日本全国のパチンコ遊技機が違法機だらけであったにもかかわらず、パチンコホールもメーカーもほぼ誰も責任を取らず曖昧なまま問題は収束させられることになったのだ。

個人的には、こうした業界のガバナンスのあり方を根本的に変えるためには、小手先の手法は通じず、警察とパチンコ業界の曖昧なルールに基づく閉じた関係を変え、明確なルールの下に資本市場や国会というオープンな場で第三者の目で業界が監視されるようなシステムというものを構築していかなければならないと感じるところだ。現行の風営法下ではパチンコホールの上場は許されておらず、その意味においてもやはり「パチンコ業法」というものは必要と言えるだろう。

風営法で管理されているのはあくまでパチンコホールだけであって、パチンコメーカーに関しては規制の網が十分にかかっていない状況にある。一応、警察の立場に立てば、この規制の欠陥が今回のようなメーカーも巻き込む不正事案があった時の責任の曖昧さにつながっているということも言えなくもないのだが、それならば尚更、現行の業界の監督体制は大幅に見直す必要があると言えるだろう。

これもまたIR整備法との比較の議論となるが、許認可事業者として違法機器が厳しく監督されるカジノ機器の製造事業者との比較において、業界ぐるみの不正があってもメーカーの誰も責任を取らないような曖昧な規制システムが持続することは難しいだろう。前述の社会への貢献という文脈も含めて、今後はメーカーも含めた総合的な「パチンコ法制」というものを構想していくことは欠かせない。

もちろん、こうした「パチンコ業法」の議論以前に、現行の制度の下でも「法律を守る」という、ごくごく当たり前なことを徹底していく必要がある。ただこれにも困難がある。今後仮に、業界全体が法令を遵守し、不正改造を排してギャンブル性を下げていくとする方針が固まったとしても、その過程で特定の店がこうした方針に逆らって極度な釘曲げのような不正改造を続けた場合、得てしてその店に高いギャンブル性を求める客が集まって繁盛してしまうという事態が生じうる。こうした事態を引き起こさないように、まず業界としては、**不正を早期に発見し自主的に排除していく、自主的な取り組みを強化する必要があるだろう。**

そのためには、「たとえわずかでも釘の角度を変えてはいけない」というような非現実的な規制で業界をコントロールしようとする警察庁のあり方も見直すよう、政治的にアプローチしていくことも重要である。現実に利益コントロールのために釘を微調整することは、営業において不可欠なことである。例えばやや極端なケースだが、「なんらかの事情で遊技機の釘の角度が甘くなっていて、連日赤字が出ているのに釘の角度を調整できない」となるとホールは赤字営業を強いられるか、せっかく仕入れた遊技機を営業に使えないことになってしまう。それはあまりにも不合理であろう。釘をめぐる法制論議は、パチンコ業法という大きな議論をする前に早急に解決する必要性があるだろう。

◉警察とパチンコを引き離す時が来た！

パチンコ業界のこれからを考えていく上で重要なことは「変えられること、変えられないこと」をしっかりと認識した上で、**「変えられること」に関しては、もう思い切って振り切るべきだということである。**

ここまで書いてきたように、グレーゾーンとなっている換金については「変えられない」ことになってくる。ここを変えると、パチンコというジャンル自体が存亡の危機に立たされるからだ。であるならば、何を変えればいいのか？　これはあくまでも私見ではあるが、**今こそ警察とパチンコ業界を引き離す絶好のタイミングだと思っている。**

たしかにこれまでは警察の管轄下に置かれている必要があった。「暴力団排除」と「北朝鮮への送金問題」というふたつの闇を抱えていたパチンコ業界は、警察の庇護下に置かれるのが当然だっただろう。しかし、この本を最初から読んでいただければわかるように、すでに暴力団の影は一掃できているし、いまだに誤解されがちな北朝鮮との関係性も、かなり希薄なものになってきている。つまり、このふたつの闇はもはや存在しないわけで、警察がパチンコに深く関わる理由はもう残っていない。ただ、このおいしい利権を手放すことは、たしかに警察にとっては抵抗が大きいだろうし、業界として腰が引けるかもしれない。ならば「戦後の混乱期から永きに渡ってありがとうございました」という警察への感謝の意味を込めて、なんらかの形で天下り利権だけは残してあげればいいではないか。そして、例えばパチンコをカジノと同様に内閣府の管轄下に置き、カジノと調和の取れた制度を作っていくよう試みるべきではないか、と私は思っている。

パチンコ業界がなかなか変わらない裏には、警察が関わることで、いささかややこしい問題が存在している。それは全国統一基準がなく、各都道府県の意向で制度がコロコロ変わる、ということだ。各都道府県によって対応が違うので、換金率から営業時間まで、地域によってバラバラの状況にある。例えば営業時間だけ見ても、東京は10時、神奈川は9時、宮城だと8時開店といった具合だ(各県内でも異なる場合がある)。それこそ所轄の警察のトップが替わるたびに、トップの考えひとつでローカルルールが変動するので、ホールとしても長期的な展望が立てにくい。これでは「親方日の丸」の場当たり的な経営にならざるを得ないのも理解できる。**だからこそ警察を離し、新たな体制を創り上げる過程で全国統一基準を確立し、業界全体が自主的に動けるような体制を整える。**それが本当のスタートラインとなって、パチンコ業界は新たな一歩を踏み出せるのではないだろうか。

それと同時に不可欠なのが「パチンコ税」の導入である。

この話になると「パチンコ業界もさまざまな形でお金を供出している」という反論を必ずといっていいほどいただくのだが、正直な話、業界の規模に比べて、その金額はあまりにも少なすぎことは先に述べたとおりだ。公営ギャンブルは国に納付金を納めているわけで、それがないだけでもパチンコ業界の負担は少ない。そのことをもっとパチンコ業界は認識するべきである。パチンコ税の導入というのはそんなに難しいことではなく、実際に負担も大きなものにはならないだろう。例えばパチンコ台1台につき、100円のパチンコ税をかけるよう考えよう。これぐらいの負担であればパチンコメーカーもホールも抵抗はないだろうし、年間に100万台の新台入替が行われれば、それだけでパチンコ税は1億円となる。それぐらいを納めて、第三者機関に運用を任せて社会問題に取り組めばよいのだから、これまでの投資に比べればずっと費用対効果は高いだろう。

◉ホールが文化の発信地であり続けるために

続いて、紗倉まなさんとの対談でも出た広告に関する規制について考えてみよう。出玉を煽るようなイベントを規制するのは当然のことであるが、それに伴い、タレントの来店イベントまで禁止してしまった都道府県が多いことには、非常に違和感を覚えている。

特に地方においては、テレビでおなじみのタレントを生で観られる機会はそうそうあるわけではないので、**ホールにタレントがやってくる機会を奪ってしまったことは、ホールの「場」としての魅力を大きく損なっただろう。**タレントはギャランティがもらえ、客はタレントを無料で観ることができて、ホールは集客アップが見込める。まさに三方得であり、誰も損をしない。

現状、集客力は鈍っているわけで、いっそのこと、ある程度の台を撤去してしまい、そこに常設のイベント用ステージを組むぐらいでちょうどいいのではないか、とすら私は思っていたのだが、なぜ、これを規制しなくてはいけないのか、さっぱりわからない。毎週末、タレントがやってきて、それを観るために近所の人たちが集まる。別に全員が全員、パチンコを打つ必要はないわけで、そうやって人々が集まる「場」になることで、ホールは地域社会にエンターテインメントを提供してくれる欠かせないポジションを得られる。**そうしてパチンコホールが文化の発信地であり続けることが、今日に見える範囲でのパチンコが当面にわたり生き延びるための唯一の方策だと私は考える。**

ある地域ではホールの前のスペースを貸し出すような形で、日替わりでマーケットが開かれているという。月曜日は地元の農家の方が格安で採れたて野菜を販売し、火曜日にはキッチンカーでB級グルメを提供する。ホールの中はガラガラなのに、そちらのコーナーには大行列ができることもあるとのこと。これはパチンコの定義自体を考え直さなければならないような話なのかもしれないが、今後パチンコは「脱・警察」と平行して、**「いかにして地域社会に貢献していくか」ということを考えるべきではないかと思う。**

最後にせっかくなので、私自身の希望も書いておこう。

みんな忘れてしまっているようだが、長い歴史を誇るパチンコの世界には、大きな財産が残されている。**それは過去にファンを熱狂させてきた名機というアーカイブだ。**これを活かさないのは、本当にもったいないことだ。

昭和と平成、ふたつの時代を彩ってきた文化が過去の名機には詰まっている。現状、1パチや5スロでは4パチ、20スロと同じ台を共有して営業しているが、それでは芸がなさすぎる。現行では、検定制度により3年ごとの機械の入れ替えを強いられている形だが、規制のあり方を根本的に見直して、**例えば0・5パチまでレートを下げたコーナーでは、過去の名機をリバイバルしても構わない**……というような運用ができないか、本格的に考えるべきだと思う。このままではジリ貧になることが確実なのだが、**今こそ業界が一丸となって、スマホゲームとの〝総力戦〟に挑まなくてはいけないタイミングだろう。**レートとギャンブル性の関係は、認定制度の運用も含めて、根本的に考え直すべきである。

想像してみてほしい。パチンコなら『ビッグシューター』『フィーバークィーン』『CR花満開』『CRギンギラパラダイス』などがホールにあったら、多くの人が足を運ぶのは間違いない。メーカーの製造・開発費も抑えられるし、1玉0・5円以下なら1万発出しても、5000円程度なのだから、昭和の社交場としてのパチンコの復活にもつながる……というか、私は絶対に行く。陳腐なアイデアかもしれないが、このようにホールを「文化の発信地」と考えて、これまでの文化資産の蓄積を活かしていけば、新たなコミュニティが形成され、ギャンブル性に頼らなくてもパチンコは存続していけるはずだ。その場しのぎにギャンブル性を追い求めるのではなく、平成の次の時代も娯楽の王様として君臨できるよう、長いスパンで業界のあり方を考え直すことが重要であろう。グレー産業ではない、地域社会から愛されるパチンコ業界を目指して、ぜひとも〝総力戦〟に取り組んでほしい。パチンコに対する本当の愛があれば、それはできるはずだ。

「頑張れ、パチンコ」

おわりに

パチンコは私の人生において欠かせないピースであった。
本書はそういうパチンコそのものに関して、また、私とパチンコとの関わりの中でお世話になった方々への感謝の気持ちを込めて書かせていただいたつもりである。そんなわけで、本書の最後となるここではお世話になった方々へのお礼をさせていただこうと思う。

まずは、この本を書くにあたって直接にお世話になった方々に対する感謝の念を込めて、言おう。というわけで本書を書くにあたって参考にしたパチンコに関する本をここでまとめて紹介したい。本当は個別に注釈を書くべきなのかもしれないが、本書は学術書というわけではないから大目に見てほしい。

『パチンコの歴史』(1999 晩聲社　溝上憲文)
『パチンコ産業史~周縁経済から巨大市場へ~』(2018 名古屋大学出版会　韓載香)
『日遊協の10年~パチンコ産業の明日を拓く』(1999 日本遊技関連事業協会)
『わが朝鮮総連の罪と罰』(2002 文藝春秋　韓光熙)

『警察官僚が見た「日本の警察」』（1999 講談社　平沢勝栄）
『パチンコの経済学』（2007 東洋経済新報社　佐藤仁）
『十六歳漂流難民から始まった2兆円企業』（2008 出版文化社　韓昌祐）
『パチンコ規制と進化の歴史～テーマ別パチンコ進化論』（2009 文芸社　下代裕人）
『パチンコがなくなる日～警察、民族、犯罪、業界が抱える闇と未来』（2011 主婦の友社新書　POKKA吉田）
『パチンコが本当になくなる日』（2016 扶桑社新書　POKKA吉田）
他にもたくさんパチンコに関する本を読んだのだが、役に立ったのはこれくらいだった。
また、対談にご登場いただいた田中紀子さんと紗倉まなさんには感謝の気持ちでいっぱいだ。なお、対談以外の本文はすべて私個人の意見であり、おふたりは無関係であると強調しておきたい。
続いてワニブックス関係者にいこう。
編集の岩尾雅彦さんが「宇佐美さん、パチンコに関する本を書きませんか」という話を持ちかけてきたのは2018年6月19日のことだった。私の人生はパチンコ抜きには語れないし、ギャンブル依存症に関するロビイングをする中でいろいろと業界を騒がせていたこともあり、「そろそろ自分とパチンコの関係についてまとめなければいけないな」と考えていたので、ふたつ返事で引き受けることにした。岩尾さんはいつもニヤニヤと怪しい顔をしているのだが、仕事はしっかり手順を踏んで進めてくれるので信頼に値する人である。彼のパチンコに対する愛情が本書を生み出したと言ってもいいだろう。また本書を書くにあたっては、ライターの小島和宏さんに多分にサポートいただいた。改めて感謝したい。

次は私の人生の話をしよう。

20〜22歳頃にかけて、工藤と遊んだパチンコホールとゲーセンは、私にとってスペシャルな場所だった。大学の夏休みのある日、朝起きて、プラプラして、なんとなく工藤に「今、何してんの?」と電話をして、赤坂のエスパスで合流して、少しばかりパチンコ屋で過ごして、そこからたしかジョナサンで飯を食って、渋谷のゲーセンに行こうという話になった。それでシブヤボウリングのあるビルの1階のゲーセン『EST渋谷東口会館』に行ったら、同じ小学校の同級生の藤原がいた。工藤も私も藤原と会うのは7〜8年ぶりくらいだったのだが、案外話が合って意気投合し、一緒に飲もうということになった。それで、まあ、ここから先は若気の至りということで許してほしいのだが、卒業した小学校の校庭に3人で門を超えて忍び込んで、校庭の真ん中でタバコをふかしながらビールで乾杯した。いい夜だった。今でも思い出す。

続いては謝らなければならない人たちの話だ。

大学の卒業を逃した日、私は自分の部屋で死んだように天井を見つめて寝っ転がっていた。あの日ほど穴があったら入りたいと思ったことはなかった。依存症業界でよく「底つき感」という言葉が使われるが、たぶんアレがそれだったのだろう。で、気を振り絞って電話して次の日、経済産業省に行って緊張の面持ちで、採用担当の飯田祐二さんに向き合った時言われた言葉は今も忘れない……と言いつつ、実のところ少し忘れているのだが確かこんな感じだったと思う。

宇佐美「すみません……やっちゃいました……卒業できませんでした……」

飯田「お前、今恥ずかしいか?」

宇佐美「死ぬほど恥ずかしいです」

飯田「その気持ちを忘れるな。遅かれ早かれ挫折は来るんだ。それを乗り越えて、成長して、仕事で返してみろ。内定は取り消さない」

宇佐美「えっ……あっ……ありがとうございます」

本当に救われた。あの時、飯田さん、というか経済産業省が私にチャンスをくれず、突き放していたら、もしかすると私の人生は大崩れしたかもしれない。というか、たぶんしていただろう。私なりに経産省では一生懸命仕事をしたつもりではあるが、結局辞めてしまったことを考えると、いまだその恩は返せていないように思える。センスのないことを言うようだが、これから先の人生で、なんとかお国のために役に立つ人間になって、少しでも間接的に恩を返したいものである。あともちろん両親には大変申し訳ないと思っている。などと考えているとまた穴があったら入りたくなってきた……。


最後はパチンコである。

変な言い方だが、**パチンコは良くも悪くも、人生のしんどい時に私の側にいてくれた友達だった**。申し訳ないのだが、人生が総じて上手く行っている時はパチンコに行くことはそんなにない。パチンコに行く時はたいてい、ストレスが溜まった時、辛いことがあった時、迷っている時だ。そういう時にパチンコは「まあ、細かいことは忘れてギャンブルでもしようぜ」と、手を差し伸べて付き合ってくれた。まあ、逆にどこまでも付き合ってくれるので、それはそれで問題なのだが。ただ、だからと言って「パチンコが悪いのか」というとそういうことでもないと思う。**悪いのはパチンコを使う人間なり、パチンコを使わせる人間の側である**。「バカとハサミは使いよう」という言葉は昔からよく言われるわけだが、今問題になっているギャンブル依存症というのは、そういう問題なんだろうと思う。どうやって人々がパチンコ、もっと広く言えばギャンブルと付き合っていくのか、ということを日本社会として考え直す時期が来ているんだろうと思う。

本書もそういう時代の流れの中で、少しでも前向きな文脈で役立つような本になっていてくれれば作者としては嬉しい次第である。パチンコ業界にとってはちょっと耳が痛い言葉が並ぶ本書かもしれないが、**本当の友達とは「必要なことを必要な時に言ってくれる」ものだと思う**。もちろんその気持ちのベースにあるのはお互いの「ありがとう」という感謝の気持ちだろう。

パチンコ、ありがとう。

2019年2月吉日　宇佐美典也

著者　**宇佐美典也**（うさみ のりや）

作家／コンサルタント／元経済産業省官僚

1981年生まれ。東京大学経済学部卒業後、経済産業省に入省。企業立地促進政策、農商工連携政策、技術関連法制の見直しを担当したのち、新エネルギー・産業技術総合開発機構（NEDO）にて電機・IT分野の国家プロジェクトの立案およびマネジメントを担当。2012年9月に経済産業省を退職。再生可能エネルギー分野や半導体分野のコンサルティングを展開。近年では官民を交えた動きで「ギャンブル依存症対策」にも取り組んでいる。『アゴラ』をはじめ、『BLOGOS』『JBpress』などに寄稿多数。著書に『30歳キャリア官僚が最後にどうしても伝えたいこと』（ダイヤモンド社）、『肩書き捨てたら地獄だった――挫折した元官僚が教える「頼れない」時代の働き方』（中公新書ラクレ）、『逃げられない世代 ――日本型「先送り」システムの限界 』（新潮新書）がある。

瀕死の業界に未来はあるのか？ パチンコ利権

著者　宇佐美典也

2019年3月10日　初版発行

SPECIAL THANKS
田中紀子さん（公益社団法人 ギャンブル依存症問題を考える会）
紗倉まなさん（マインズ）

装丁　紙のソムリエ
撮影　芹澤裕介（対談1）／橋本勝美（対談2）
校正　玄冬書林
編集協力　小島和宏
編集　岩尾雅彦（ワニブックス）

発行者　横内正昭
編集人　岩尾雅彦
発行所　株式会社 ワニブックス
〒150-8482
東京都渋谷区恵比寿4-4-9 えびす大黒ビル
電話　03-5449-2711（代表）
03-5449-2716（編集部）
ワニブックスHP　http://www.wani.co.jp/
WANI BOOKOUT　http://www.wanibookout.com/

印刷所　株式会社 美松堂
DTP　株式会社 三協美術
製本所　ナショナル製本

ISBN 978-4-8470-9762-1